La sugestopedia

La sugestopedia
Método potente de enseñanza y aprendizaje

Herbert Caller Gutiérrez

www.librosenred.com

Dirección General: Marcelo Perazolo
Diseño de cubierta: Stefanie Sancassano
Diagramación de interiores: Vanesa L. Rivera

Está prohibida la reproducción total o parcial de este libro, su tratamiento informático, la transmisión de cualquier forma o de cualquier medio, ya sea electrónico, mecánico, por fotocopia, registro u otros métodos, sin el permiso previo escrito de los titulares del Copyright.

Primera edición en español - Impresión bajo demanda

© LibrosEnRed, 2014
Una marca registrada de Amertown International S.A.

ISBN: 978-1-62915-102-1

Para encargar más copias de este libro o conocer otros libros de esta colección visite www.librosenred.com

Agradecimientos

En primer lugar quiero agradecer a los miembros de mi querida familia, pero sobre todo a mi adorada madre Sonia, que en su condición de maestra me enseñó durante el año 1987 en una escuelita de un distrito de la sierra sur del Perú, llamado Tambobamba, en el departamento de Apurímac. Asimismo, quiero agradecer a mi hermano y mi mejor amigo, Sandro, de quienes de manera permanente recibí sugestiones positivas, las cuales han tenido un efecto impresionante en mí. Claro que de niño y de adolescente no tenía ni idea de la influencia y del efecto de las sugestiones. Ahora, y después de comprender muchas cosas debido a mi investigación, lo entiendo perfectamente.

En segundo lugar, deseo expresar mi profundo agradecimiento y reconocimiento a la Marina de Guerra del Perú, institución que me ha permitido poder participar en diversas comisiones de servicio y misiones de estudio en distintos países del mundo, como Brasil, Chile, Colombia, Estados Unidos de Norte América, Grecia y la República Federal de Alemania.

En tercer lugar, mi real agradecimiento a todos los investigadores y científicos, pero principalmente a Claudia Dostal, investigadora austriaca y experta en el método sugestopédico llamado también de superaprendizaje, con quien me he formado directamente tanto en Austria como en Perú. Gracias a todos ellos, se hace posible que la información que contiene mi segundo libro sea puesta a disposición de la sociedad de habla hispana en el mundo.

Finalmente, mi especial agradecimiento a Sonia Gutiérrez y María Cristina Cataño, quienes me apoyaron en la realización de las encuestas sobre la sugestopedia y la dislexia en el Perú. A mis amigos Janet Arcos (Perú), a Raúl Ávila (España) y a Josef Ramerth (Alemania), quienes realizaron la encuesta en Alemania. Asimismo, a Sandro Caller, fundador del Centro para la Excelencia Personal en Perú, institución que busca el desarrollo del potencial social y trabaja en el desarrollo de la excelencia personal, por sus importantes sugerencias y recomendaciones para la presente publicación.

Introducción

Quisiera comenzar explicando que el suscrito presenta el libro con el fin de contribuir a difundir las bondades de la sugestopedia en el Perú y en Latinoamérica. Mi estadía en Europa me ha permitido conocer y profundizar sobre la sugestopedia, a partir del análisis de los trabajos desarrollados por investigadores de diferentes partes del mundo, los cuales tienen una relación directa con la sugestopedia. Entre ellos, se puede mencionar al médico y psiquiatra Dr. Georgy Lozanov (Bulgaria), padre del método sugestopédico; la Dra. Markova (Estados Unidos), cofundadora de PTP-Professional Thinking Partners; el Dr. Scheele (Estados Unidos), padre de la técnica de la foto-lectura; y la Dra. Birkenbihl (Alemania), entrenadora y directora del Institut für gehirn-gerechtes Arbeiten. Menciono especialmente, por los conocimientos adquiridos directamente de ella, a la Dra. Dostal (Austria), fundadora y directora del Instituto Brainbox, con quien me entrené tanto en el Perú, como en Alemania y Austria.

Conocí a la Dra. Dostal en el año 2013 en la Feria Internacional de Educación de Colonia, Alemania, la más grande e importante de Europa y quizá del mundo. Gracias a la relación académica construida, pudo concretarse una alianza estratégica para desarrollar actividades conjuntas entre Brainbox Training (Austria) y el Centro para la Excelencia Personal (Perú) con el objetivo de mejorar y de potenciar la calidad de la enseñanza no solo en el Perú, sino también en Latinoamérica; y, por qué no decirlo, de contribuir de alguna forma en la mejora de la educación a nivel mundial.

Es fundamental mencionar que la información proporcionada en el presente libro es de suma importancia debido a los resultados comprobados de la aplicación del método sugestopédico, el cual aún es desconocido no solo en el ámbito latinoamericano, sino también para la mayoría de personas del mundo europeo y del mundo en general.

Esto se demuestra con las encuestas realizadas a 335 personas de 48 países de cuatro continentes, como el Perú, Ecuador, Colombia y los Estados Unidos en América; Alemania, Austria, Francia y Suiza en Europa; Nigeria, Sudáfrica, Marruecos y Senegal en África; y China, Mongolia, Rusia y Sur Corea en Asia. Sólo el 5% de los peruanos encuestados conoce de la sugestopedia y el 30% de la dislexia. En el caso de los encuestados alemanes, también únicamente el 5% conoce la sugestopedia, pero el 92% sabe de qué se trata la dislexia o, como ellos la denominan, *Legasthenie o Lese - Rechtschreib-Schwäche - LRS*. En la "encuesta internacional" los resultados muestran que el 9% de los encuestados sabe lo que es la sugestopedia y que el 46% sabe lo que es la dislexia. Lastimosamente, el común denominador en los tres casos es que muchos no conocen el potencial de la sugestopedia y consideran la dislexia como un problema o incluso como una enfermedad, lo cual es un mecanismo destructor de la genialidad y del normal desarrollo de las capacidades de los estudiantes, por llevar consigo de manera permanente sugestiones negativas.

Tengo plena confianza en el método sugestopédico, estoy totalmente convencido de que es una herramienta poderosa para elevar nuestra capacidad de aprendizaje por medio del uso de ciertas técnicas, las cuales eran desconocidas por el que escribe. Lo interesante de todo esto es que, sin conocer la existencia de esas técnicas, utilicé muchas de ellas por propio criterio y orientación personal, lo cual me llevó de manera permanente a obtener resultados sobresalientes en el ámbito académico y profesional. Incluso pude escribir y publicar mi primer libro, denominado *Alemán sencillo para hispanohablantes, método rápido y eficaz de aprendizaje*, después de haber aprendido alemán en solo ocho meses, tarea bastante difícil, no solo por la estructura compleja de esa lengua sino también por su extenso vocabulario.

La capacidad comunicacional vista desde el punto de la transferencia de información con las menores pérdidas posibles es definitivamente la clave del éxito personal en el ámbito académico, social y laboral. No podemos estar alejados de una herramienta tan poderosa como esa, y, como lo expresó uno de los más conocidos psicólogos comunicacionales, Paul Watzlawick, en su Axioma de la Metacomunicación: "**No se puede no comunicarse**".

Pero la comunicación tiene diversas formas, como la oral o la escrita. Claro que son las más tradicionales en los sistemas educativos usados en casi todo el mundo. Esto afecta a una gran parte de la población mundial, ya que las personas que **"supuestamente sufren de dislexia"**, que es la falta de capacidad de poder escribir y leer correctamente a causa de un problema en la conexión lógica natural entre los fonemas, vale decir de los sonidos, y entre los grafemas, o sea entre las letras de un idioma, no son tomadas en cuenta en estos sistemas educativos, y reciben un trato de personas anormales, con problemas de aprendizaje, que requieren ayuda. En definitiva, son tratados como personas que no tienen la misma categoría y las mismas oportunidades que el resto en la sociedad. Pero si eso fuera cierto, no encontraríamos casos como el de Ronald Davis, que a pesar de ser disléxico pudo graduarse mediante pruebas orales como ingeniero en los Estados Unidos de Norte América y fundar la Davis Dyslexia Correction Center (Centro de Corrección de la Dislexia Davis) después de haber podido leer su primer libro sin inconvenientes y en pocas horas, a los 38 años de edad.

Este es un punto muy importante, porque las personas que "supuestamente sufren de dislexia" representan un **"10% de toda la población mundial"**, lo que equivale en la actualidad a 700 millones de habitantes. Y para ser aun más específicos en el ámbito educativo, ya que a toda familia le interesa brindarles a sus hijos la mejor educación con un proceso adecuado de aprendizaje: **"1 de cada 10 escolares en promedio tendría esa condición"**. Muchas veces no se lo detecta a tiempo debido al idioma que aprenden, y esta situación es incluso más grave en el caso latinoamericano, por ser el español una lengua bastante fonética, que dificulta detectar esa condición a corta edad. En otras palabras, cuanto más fonético es un idioma, más difícil es detectar la dislexia en un estudiante.

En los párrafos precedentes escribí "supuestamente sufren de dislexia" porque en la realidad, desde mi punto de vista, y basado en los conocimientos que tengo y en investigaciones presentadas por otras fuentes, es un gran potencial, ya que las personas con dislexia poseen una mayor capacidad y naturalidad del uso del hemisferio cerebral derecho, conocido como el **"hemisferio creativo" o "de la creatividad"**. Así, por ejemplo, podemos encontrar a grandes personajes de la historia de la humanidad que han tenido esa condición, o sea que han sido **"personas disléxicas"** como el caso de Pablo Picasso, Leonardo Da Vinci, Amadeus Mozart, Georges Washington, Albert Einstein, Isaac Newton, Thomas Edison, Galileo Galilei, Bill Gates, Henry Ford y Walt Disney, entre otros. Por ello digo que la dislexia tiene un potente lado creativo.

La sugestopedia toma muy en cuenta el hemisferio creativo en el proceso de enseñanza y aprendizaje, ya que permite potenciar el aprendizaje elevándolo de tres a cinco veces más, ya que es el hemisferio veloz y de la memoria de largo plazo.

Por otro lado, podríamos preguntarnos —y hasta cuestionarnos, de acuerdo con nuestros paradigmas— cómo puede ser posible que una estudiante con pésimos resultados académicos en su etapa escolar termine siendo una de las capacitadoras más importantes, reconocidas e influyentes de los docentes alemanes. Las respuestas a estas interrogantes se encuentran en la presente publicación, lo que demuestra que el sistema educativo con el que todavía cuentan muchos países en el mundo no considera ni el talento individual, ni las diferentes necesidades de los distintos tipos de estudiantes. Ese talento y esas necesidades están relacionados con la estructura interior de cada persona y con la jerarquía de los sentidos que predominan en ella, lo que se denomina **"estilos o tipos de aprendizaje"**. Los estilos o tipos de aprendizaje han sido desarrollados por la Dra. Markova en los Estados Unidos de Norte América.

Es realmente fascinante poder entender cómo una persona como la Dra. Vera F. Birkenbihl, que tuvo problemas y malos resultados académicos en su etapa de formación escolar en Alemania, escribió su primer libro en 18 meses y pudo escribir después de unos años cinco libros en 18 meses. Esto me recuerda los resultados académicos que he obtenido a lo largo de mi formación profesional, al punto de poder lograr en muchas ocasiones dos o hasta tres objetivos académicos en el mismo período de tiempo, como cuando estudiaba la lengua alemana en Alemania y paralelamente estudiaba una maestría en Gestión y Análisis de Políticas Públicas, así como la carrera de Derecho y Ciencias Políticas. Esto no tiene que ver única y específicamente con razones genéticas, como si llegáramos al mundo bendecidos con y dotados de una capacidad intelectual sobrenatural o diferente a la de los demás.

Esto definitivamente está relacionado con las investigaciones realizadas por el Dr. David Perkins, de la Universidad de Harvard de los Estados Unidos. Él desarrolló sus investigaciones y publicó el libro *Outsmarting IQ para responder una pregunta propia:* **"¿La inteligencia es una elección?"**. La respuesta es muy contundente: **"Sí, la inteligencia es una elección"**. Quiere decir que la capacidad intelectual no es fija, como se aceptaba en el siglo pasado y hasta los últimos años, sino que depende de tres factores, o de lo que él denomina tres tipos de inteligencia: la inteligencia fija neurológica, relacionada con las pruebas de coeficiente intelectual y con la velocidad con que nuestras neuronas actúan; el conocimiento y la experiencia que los individuos adquieren con el tiempo; y la inteligencia reflexiva y la capacidad de convertir de forma consciente los hábitos mentales de uno y trascender patrones limitados de pensamiento mediante la selección y el uso de ciertos métodos. En otras palabras, la capacidad intelectual depende de tres factores. No depende de nosotros uno de ellos, la velocidad con la que nuestras neuronas reaccionan, pero sí los otros dos, el cúmulo de experiencias y de información y los métodos utilizados para incrementar esos conocimientos. En este punto radica la importancia del conocimiento y la puesta en práctica del **método sugestopédico,** denominado también **superaprendizaje.**

Con ello podremos incrementar nuestra **potencia académica**, que vendría a ser la relación entre la realización de un trabajo académico específico y el correspondiente tiempo requerido para ello. A menor tiempo empleado, mayor será la potencia. También se consigue disminuir las pérdidas que existen en todo proceso de transferencia, incrementando con ello nuestra **"eficiencia académica"**, que vendría a ser el cumplimiento de un trabajo o de un objetivo académico con el menor esfuerzo o en el menor tiempo posible.

Finalmente, estoy seguro de que después de leer la presente publicación entenderán por qué **"del 98% de todos los niños que llegan al mundo con una genialidad impresionante, solo el 2% de ellos la mantiene después de haber terminado la etapa escolar"**, así como qué acciones se deben ejecutar para revertir esta lastimosa situación en el mundo.

Comentarios de la dra. Claudia Dostal de brainbox Austria

Una historia verdadera

Me llamo Monika. Hace ya más de unos veinticinco años que estoy enseñando inglés a alumnos entre 10 y 14 años en un colegio público. Me encanta mi trabajo, y me dedico con mucho entusiasmo a esta tarea, siempre desarrollando algo nuevo para mis alumnos. Hace dos años, tuve un nuevo grupo de estudiantes, y ya en la primera hora de clase con ellos noté que a una alumna le resultó muy difícil cumplir con las tareas propuestas. Se trataba de Eva, una chica nerviosa, siempre en movimiento. Durante las siguientes horas de clase, le di mucha atención y traté de motivarla, pero nada. Al final llegué a la conclusión de que Eva no tenía las capacidades intelectuales que necesitaba para poder seguir ese curso. Lo que necesitaba era otro ambiente intelectual, con menos retos, otras tareas y todo a un ritmo mucho más lento. Necesitaba una enseñanza para personas con necesidades especiales. Quería hablar con el director para hacer todos los arreglos necesarios que requería una situación así. Quería, pero no lo hacía. Tampoco sabía lo que me impedía.

De todas formas, en ese año escolar me había inscrito en el instituto privado de brainbox® en un curso de formación profesional adicional sobre el tema de la sugestopedia, llamado también superaprendizaje. Es un método de enseñanza que acelera el aprendizaje de tres a cinco veces, a partir de incluir la música y el estado relajado en la enseñanza y de ofrecer a todos los alumnos métodos que corresponden a su tipo de aprendizaje personal. Esa formación me acompañó durante todo el año escolar.

Ya desde el primer bloque de formación, empecé a introducir y a integrar mis nuevos conocimientos y métodos en mi trabajo diario. Paso a paso, mi estilo de presentar la información cambiaba. Por ejemplo, introducía los famosos "conciertos de aprendizaje", trabajaba con visualizaciones interiores para activar el vocabulario y con métodos especiales para mejorar la pronunciación. También cambiaba mi manera de hablar con mis alumnos, de practicar y de aplicar el idioma. En consecuencia, mis alumnos hablaban mucho más y —qué sorpresa— más correctamente. Además, aumentaba la concentración, incluso la risa como efecto secundario, por decirlo así. La alegría nos acompañaba.

Un día me di cuenta de que Eva no me irritaba más. Me asusté. ¿Qué había pasado? Eva, la chica menos capacitada, cumplía como los demás todas las tareas, participaba en las discusiones, y sus notas mejoraban. "Increíble", pensé. Pero era la realidad.

Significa que mi cambio fundamental de estilo de enseñanza provocó también en Eva un cambio, en este caso un cambio enorme. Al recordar que había querido transferir a Eva a una clase para alumnos menos capacitados, se estremece mi cuerpo de horror.

Monika Daker, 52 años, Austria

Esta historia verdadera muestra la fuerza que tienen los nuevos métodos de enseñanza. Muestra que nuestro potencial es mucho más grande de lo que pensamos en general. Muestra que el proceso de aprendizaje puede ser más fácil, más rápido y mucho más exitoso.

Los métodos existen. Tienen una base científica sólida. Su funcionamiento se ha acreditado en la práctica en todos los continentes. Parecen milagro, y funcionan.

Al mismo tiempo, estos métodos que trascienden patrones limitados todavía no forman parte del trabajo diario en nuestras aulas. Deseo que la presente publicación de Herbert Caller Gutiérrez contribuya a evocar más interés, entendimiento y curiosidad para las posibilidades escondidas de cada uno de nosotros. Lo conocí a Herbert Caller como una persona con un enorme interés y sed de aprender. Para él, el aprendizaje permanente es ya un hecho, es su estilo de vida. Aplica y vive los nuevos métodos en sus exitosos estudios personales. Uno de sus deseos es que no sólo el sistema educativo de su país, Perú, se potencie y mejore para elevar nuestra capacidad de aprendizaje, sino que también mejoren y se potencien los sistemas educativos de los países del mundo latinoamericano y del mundo en general. Su presente publicación es un hito hacia esta meta. ¡Que disfruten la lectura y las nuevas perspectivas!

Dra. Claudia Dostal, brainbox, *Austria*

Dra. Claudia Dostal

Experta en nuevos métodos de enseñanza y aprendizaje, fundadora y directora del instituto **brainbox°** (Austria: Graz, Innsbruck, Klagenfurt, Salzburgo, Viena), que ofrece herramientas efectivas e innovadoras para aprender y para enseñar con más facilidad y más éxito por medio de capacitaciones en idiomas alemán, español, inglés y francés. **brainbox°** es uno de los primeros institutos mundiales que se dedica profesionalmente a investigar y a desarrollar métodos de aprendizaje y a implantarlos en la práctica.

1. La sugestopedia

"El desarrollo del método sugestopédico fue realizado por el Dr. Georgi Lozanov en Bulgaria, en los años sesenta. Él fue psiquiatra y psicoterapeuta, y su punto central fue la hipnosis y la sugestión. Desarrolló este método de enseñanza en el Instituto para la Sugestología, en Sofia, Bulgaria, y fue presentado públicamente el año 1966"[1].

Aquí es importante mencionar que si bien el método fue desarrollado en la década de los sesenta, no se expandió en el mundo por dos causas principales:

1. Porque en aquella época no existían aún las herramientas tecnológicas comunicacionales que existen hoy en día y que están al alcance de las personas en casi la totalidad de los países.
2. Porque en ese período se vivía un momento de tensión, ya que el mundo estaba dividido y dirigido por dos superpotencias, por un lado el bloque occidental por medio de la Organización del Tratado del Atlántico Norte (OTAN), liderado por los Estados Unidos de Norteamérica, y por otro, el bloque del Pacto de Varsovia, que agrupaba a casi todos los países de Europa del Este liderados por la ex URSS (Unión de Repúblicas Socialistas Soviéticas), situación que dio origen a la famosa Guerra Fría.

---

1   Claudia Dostal, *Qualitätsverbesserung des Schulunterrichts durch "Lerntypenorientierte Suggestopädie"* (Stuttgart: Ibidem, 2011), 96.

Por esa razón el Bloque del Este impidió que los resultados de las investigaciones del Dr. Georgi Lozanov fueran expandidas en el mundo y prohibió la salida del país, o sea la salida de Bulgaria, ya que eso iba en contra de los intereses del bloque soviético, porque de acuerdo con los resultados de las mencionadas investigaciones, se podía acelerar el aprendizaje de tres a cinco veces más utilizando el método sugestopédico. Esto quiere decir que se podía aprender lo mismo en la tercera o hasta en la quinta parte del tiempo utilizado, o se podía aprender de tres a cinco veces más en el mismo tiempo disponible.

A partir de la caída del Muro de Berlín, o sea a partir de 1989, se comenzaron a expandir por el mundo los resultados no solo de las investigaciones del Dr. Lozanov, sino también de los trabajos de otros investigadores que ya habían tomado conocimiento de la importancia de la sugestopedia. Pero "por cuestiones de protección legal, le dieron al método otro nombre con la finalidad de poder manifestar su contribución con el método. Por ejemplo Schuster y Gritton hablan del System of Accelerative Learning Techniques, Sistema de Técnicas de Aprendizaje Acelerado (SALT) (vgl. Schuster/ Gritton 1986), Dhority habla de Acquisition through Creative Teaching, Adquisición por medio de la Enseñanza Creativa (ACT) (vgl. Dhority 1986), Peter Kline habla de Integrative Learning, Aprendizaje Integrador (vgl. Kline 1988), Charles Schmid habla de Learning in New Dimensions, Aprendizaje en Nuevas Dimensiones (LIND), Philipov habla del Método de Lozanov y Philipov, Baur habla de Psychopädie, Hilkelmann habla de Neuem Lernen, Nuevo Aprendizaje, Schiffler habla de Interaktiven Suggestopädie, Sugestopedia Interactiva (vgl. Schiffler 1992), y Tony Stockwell habla de Akzelerierten Lernen, Aprendizaje Acelerado (vgl. Stockwell 1992). En los Estados Unidos se habla actualmente de forma general sobre Accelerated Learning, Aprendizaje Acelerado (AL). En el ámbito del habla alemana, se usa de manera genérica Suggestopädie, Sugestopedia, o Superlearning, superaprendizaje, y recientemente también Accelerated Learning, Aprendizaje Acelerado (vgl. Meier 2004)".[2]

Actualmente, una de las investigadoras dedicadas a este tema en el mundo europeo es la Dra. Claudia Dostal, quien escribió el libro *Qualitätsverbesserung des Schulunterrichts durch Lerntypenorientierte Suggestopädie* ('Mejora de la calidad de la enseñanza educativa por medio de la sugestopedia y la orientación de los tipos de aprendizaje'), cuyo preámbulo fue escrito por Daniela Michaelis, docente de la Universidad de Graz de Austria. Esta última menciona:

> …yo personalmente he enseñado más de 10 años sugestopedia en la Universidad de Graz, Austria, en el Instituto de la Ciencia de Educación y Formación, y pude experimentar de manera inmediata y completa, semestre por semestre, y en todos los estudiantes, la ventaja y la alegría de las estructuras de aprendizaje.
>
> El deseo de que esas estrategias de aprendizaje integral estén todavía lejos de ser consideradas en los sistemas educativos y de enseñanza tradicionales es el principal motor para mi participación personal en el campo de la enseñanza y aprendizaje, y actualmente en el campo de la investigación integral. Ese tipo de aprendizaje tradicional permanece como barreras de pensamiento en el camino, esto también es una de mis experiencias en el transcurso de la década de la investigación, la enseñanza y el aprendizaje[3].
>
> El método tiene sus raíces en los años sesenta en Bulgaria. (El) Dr. Georgi Lozanov, médico y psiquiatra, estaba interesado en el fenómeno de la hipermnesia, llamado también supermemoria, una capacidad anormal para recuperar información. Hipermnesia es lo opuesto a la amnesia. El problema real del aprendizaje es acceder a los datos almacenados. Por eso buscaba métodos para que cualquier estudiante pueda recuperar más información en menos tiempo. Descubrió que se puede acelerar el proceso de aprendizaje con la ayuda de nuestro subconsciente o inconsciente. En consecuencia, el proceso de enseñanza no va dirigido solamente a la atención consciente del estudiante, sino que se dirige también

---

2 Dostal, *Qualitätsverbesserung des Schulunterrichts*, 102.
3 Dostal, *Qualitätsverbesserung des Schulunterrichts*, 5.

al inconsciente. La activación de todo el cerebro y la integración consciente-inconsciente son de suma importancia, es la llave[4].

El sistema educativo en el que se basa la transferencia de información durante el proceso de enseñanza y aprendizaje nos está demostrando claramente, y desde hace mucho tiempo, que tiene una dirección equivocada y que debe tomar en cuenta los resultados de los estudios presentados por algunas instituciones del mundo europeo y desde hace más de veinte años. Como se puede apreciar a continuación: "El Estudio INSCHUR ha presentado ya en el año 1988 que la parte de los estudiantes que tienen una posición negativa en el colegio crece cada año (vgl. Czerwenka et al.1988), y en el año 2000 presentó el Instituto de Investigación de Desarrollo Escolar de Dormunt, Alemania, que el 41% de los niños no desea ir al colegio (vgl. Struck 2007, S.206). Castner y Koch constataron que la catástrofe del sistema educativo es la estrategia de aprendizaje no biológica de la psicología y de la pedagogía, y se quejan ante todo de la deficiencia del método (vgl. Castner/Koch 1996, S.16 y 18)"[5].

El estudio **Internationale Untersuchung von Schülerurteilen über die Schule**, Investigación Internacional de la Opinión de los Estudiantes sobre los Colegios (**INSCHUR**) es realizado por el Instituto de Leibniz de Ciencias Sociales (GESIS), y en él se analiza cómo los estudiantes experimentan las clases día a día, y cómo las describen y evalúan.

Quisiera presentar lo manifestado por el padre del método sugestopédico, el Dr. Georgi Lozanov:

> Sugestopedia denota educación e instrucción en la cual las leyes y los principios de sugestión son tomados en consideración. Incontroladas e insuficientes sugestiones ocurren en diferentes formas de educación, y en cualquier acto comunicacional pero en general

---

4   Claudia Dostal, correo electrónico recibido por el autor, 06 diciembre, 2013.
5   Dostal, *Qualitätsverbesserung des Schulunterrichts*, 19.

organizado. Determinada sugestión ha dado absoluta prominencia en la práctica de la sugestopedia. Como sea, es necesario señalar el entendimiento y la investigación del problema de la sugestión no en el sentido de limitación, contraste, condicionante o manipulación, pero sí en el sentido del significado que la palabra tiene en inglés (*suggestion*): 'ofrecer, proponer, ofrecer a la personalidad una amplia elección como lo hace la naturaleza'. Esta extensión de la libertad de la personalidad para escoger es realizada por medio de la utilización organizada de los contenidos paraconscientes de la mente, la cual da la forma y los volúmenes del proceso comunicacional consciente – inconsciente y puede crear una disposición favorable para aprovechar las capacidades de reserva de la personalidad (Lozanov 1995, S. 1.)[6].

Finalmente, quiero presentar la definición brindada por la investigadora austriaca Dra. Claudia Dostal:

La sugestopedia es un método de enseñanza y de entrenamiento, el cual siempre se prepara o acondiciona para cualquier área o especialidad (idiomas, ciencias naturales, estudios técnicos, desarrollo personal, etc.) y en el que son tomados en cuenta todos los tipos de aprendizaje y los diferentes niveles de conciencia. Lo positivo es que se despierta el potencial no explotado, y los estudiantes y los participantes experimentan un aprendizaje relajado, estimulante y efectivo, así como la drástica reducción de estrés del profesorado y de los entrenadores, que tienen un desempeño enriquecedor y creativo.[7]

La sugestopedia es un método holístico de enseñanza y sirve para enseñar cualquier contenido o asignatura. No importa si se trata de enseñar idiomas, ciencias naturales, comunicación, ciencias empresariales o lo que sea. Además, se puede trabajar con estudiantes de cualquier edad, es decir con niños, jóvenes, estudiantes universitarios, adultos y mayores.[8]

---

6   Dostal, *Qualitätsverbesserung des Schulunterrichts*, 140.
7   Dostal, *Qualitätsverbesserung des Schulunterrichts, 143.*
8   Claudia Dostal, correo electrónico recibido por el autor, 6 diciembre de 2013.

Taller Brain Tools "Aprendizaje Efectivo para Estudiantes", desarrollado por la Dra. Claudia Dostal (Austria). Lima, Perú 2013.

2. Tipos o estilos de aprendizaje

Es importante saber y reconocer los **tipos de aprendizaje**, denominados también **estilos de aprendizaje**. Estos demuestran por qué todas las personas son diferentes, por qué cada uno tiene su propio estilo de aprendizaje.

Lo fundamental es entender que una persona tiene métodos preferidos para aprender, lo cual está relacionado directamente, y sin que necesariamente se lo sepa, con los tipos o estilos de aprendizaje. Claro está que si la persona llega a conocer exactamente qué tipo o estilo de aprendizaje posee, potenciará mucho más su capacidad de aprendizaje mediante el uso de las herramientas o de las técnicas que están a su disposición.

Está demostrado que cuando una persona conoce su tipo de aprendizaje tiene más éxito, por el simple hecho de saber lo que necesita y lo que lo ayuda en el proceso de aprendizaje. Esto está relacionado con la tipología basada en nuestros sentidos, el visual, el acústico y el quinestésico.

Para poder entender mejor y de manera rápida de qué tratan los tipos de aprendizaje, presentaré a continuación las características más saltantes del sentido que predomina en una persona, es decir, si su potencial sensorial está basado en el sentido visual, acústico o quinestésico.

(a) **Características del tipo visual**
1. Tienen pensamiento rápido y con método.
2. Recuerdan lo que están viendo.

3. Cuentan con la capacidad de ordenar de manera nueva la información.
4. Planean con anticipación.
5. Arreglan sus pensamientos por escrito, por medio de listas y de apuntes.
6. Son ordenados, sistemáticos y lineales.
7. Aprenden al ver y observar.
8. Los detalles son importantes.
9. Tienen capacidad de resumen.
10. Muchas veces son inflexibles.
11. Tienen una motricidad fina muy desarrollada, por eso les gusta escribir a mano.
12. Son ansiosos e intolerantes.
13. Se concentran mucho en lo que realizan.
14. Se autopresionan.
15. Muchas veces viven en el futuro y no en el presente.
16. Son un poco egocéntricos.

Este tipo es muy rápido al buscar la información de manera mental, lo cual le ayuda mucho en las evaluaciones, sobre todo escritas, razón por la que les gusta mucho este tipo de evaluación. Esto se ve apoyado por el sistema educativo con el que contamos, en el que el peso de las evaluaciones está en los exámenes escritos. Por ello, los estudiantes que tienen este tipo o estilo son los que tienen mejores notas en el colegio, en el instituto o en la universidad. Por lo tanto, son los más destacados académicamente.

Las personas de tipo visual siempre quieren saber el porqué de las cosas. Normalmente son las mujeres las que se encuentran en este grupo. Los escritores pertenecen muchas veces a este tipo de aprendizaje, también las personas a las que les gusta enseñar.

Desde el punto de vista de las relaciones interpersonales, a las personas del tipo visual les gustan mucho los detalles, como por ejemplo una carta, una rosa, un regalo, etc. En otras palabras, algo que puedan ver. El tipo visual cuando quiere comunicarse con alguien usa mucho las señas o emplea palabras de la categoría visual como "¡mira!", "¿ves?", "¡observa!".

Por otro lado, una mujer del tipo visual que tenga como pareja un hombre del tipo quinestésico, en una fecha especial para ellos, lo más probable es que le compre un regalo a él (recuerden que es del tipo visual). Pero lo más probable es que su pareja, que es del tipo quinestésico, le dé un abrazo en vez de regalarle algo, ya que para este tipo de aprendizaje, son más importantes las demostraciones físicas, corporales. Este es un punto muy sensible y sencillo de entender, pero al mismo tiempo de una gran relevancia en nuestras relaciones sociales.

(b) Características del tipo auditivo o acústico
1. Gustan de los contactos sociales.
2. Recuerdan lo que han oído.
3. Suelen preguntar mucho al profesor con detalles.
4. Aprenden tras escuchar ponencias y debates.
5. Tienen buenos resultados en los exámenes orales.
6. Les resulta fácil aprender algo de memoria.
7. Poseen buen vocabulario oral.
8. Hablan cuando escriben o mueven los labios cuando leen.
9. Son muy buenos organizadores.
10. Son un poco relajados y comodones.
11. Se les hace fácil escuchar algo en vez de leer para después contarlo.
12. No les gusta escribir a mano, lo cual está relacionado con la motricidad fina.
13. Tienen la visión de conjunto y no de detalle.
14. Se puede decir que están en el medio de los otros dos tipos de aprendizaje.

Muchas veces, tanto los profesores como los padres les dicen que no muevan los labios al leer, o que no hablen al escribir, esto se da por falta de conocimiento, ya que a este tipo le ayuda mucho esa acción. Sobre todo en las evaluaciones, mover los labios los ayuda mucho a recuperar o a recordar la información.

Este tipo de aprendizaje nos presenta a los buenos expositores, a las personas muy sociales, a los que les gusta trabajar en equipo. Este es un dato muy importante para las áreas de Recursos Humanos de las empresas, en las que se requiere este tipo o estilo.

Normalmente tienen problemas en el examen escrito, ya que cuando estudiaron, lo hicieron en un orden determinado, lo que les trae problemas al buscar la información de manera mental, les falta tiempo para recordar la información almacenada. Por ello dependen bastante de la automatización. Pero cuando rinden un examen oral, lo realizan bien, porque pueden hablar; y el hablar les activa la memoria de manera automática.

Desde el punto de vista de las relaciones sociales, a este tipo de personas les gusta mucho escuchar cosas agradables como "te quiero", "eres bueno", etc. En otras palabras, algo que puedan escuchar, y el tono en que se digan las cosas es muy importante. Cuando este tipo de personas quiere comunicarse con alguien, usa las palabras "oye", "escucha", etcétera.

Normalmente son la minoría en comparación con los otros dos tipos de aprendizaje.

(c) Características del tipo quinestésico
1. Se distraen con facilidad.
2. Necesitan de retroalimentación inmediata.
3. Se aburren en la clase.
4. La enseñanza es para ellos demasiado estática.
5. No les gusta planificar.

6. Les gusta el movimiento y la emoción.
7. Tienen espíritu libre y efusivo y son artistas.
8. Lo que aprenden lo asocian con el lugar donde aprenden.
9. Quieren hacer todo por su cuenta.
10. Quieren decidir ellos mismos.
11. Son un poco desordenados.
12. Son impacientes.
13. Poseen mucha autoestima.
14. Cuando tienen una meta, consiguen realizarla.
15. Cuando no les interesa algo, no hacen nada.
16. Lo que les importa es el provecho personal en el presente y no en el futuro.
17. Tienen muy buena motricidad gruesa, es decir tienen facilidad para todo lo relacionado con movimientos grandes como los deportes.
18. El respeto para ellos es muy importante.
19. El ambiente en el que estudian es muy importante.

Cuando el tipo quinestésico no puede moverse, o cuando su actuación es pasiva en el proceso de aprendizaje, **tanto su cerebro como sus pensamientos se apagan a los diez o quince minutos**. Muchas veces se confunden las cosas, y se cree que una persona es hiperactiva cuando en la realidad posee el tipo quinestésico. **El 80% de los supuestos hiperactivos no son hiperactivos, son tipos quinestésicos.**

Cuando este tipo no recibe la influencia del movimiento, comienza a molestar a los demás, ya que es la materialización del deseo interior de moverse para poder seguir pensando. Se puede decir también que es la necesidad de contar con el apoyo muscular para pensar.

Por eso, los resultados obtenidos durante su formación básica regular y universitaria, vale decir en el colegio y en la universidad, no están en relación con su verdadero potencial de aprendizaje o con su capacidad intelectual, ya que el sistema educativo tiene una estructura que no apoya este estilo o tipo de aprendizaje. Se puede decir que en el colegio, en el instituto, o en la universidad, tienen mucha desventaja, lo que los lleva a repetir cursos, dejar los estudios o retomarlos posteriormente, etcétera.

El individuo quinestésico normalmente termina siendo el emprendedor, el empresario, el inventor, el exitoso, pero no desde el punto de vista académico, sino empresarial. Por ello hay más varones en este tipo de aprendizaje.

Para esta clase de personas el sentimiento tiene mayor valoración. Por ello podemos notar variaciones en los resultados de los estudiantes de un año respecto de otro, ya que depende mucho de la relación que tenga el estudiante con el docente.

Desde el punto de vista de las relaciones sociales, a estas personas les gusta mucho el contacto como los abrazos, las palmadas, etc. En otras palabras, algo que puedan sentir. Cuando quieren comunicarse con alguien, normalmente tocan a la persona para hacerse notar.

3. ¿Tipos o estilos mixtos de aprendizaje?

En 1760, el filósofo Immanuel Kant propuso que nuestro conocimiento del mundo exterior depende de nuestras formas de percepción. Para definir lo que es "extrasensorial" necesitamos definir lo que es "sensorial". Tradicionalmente, hay cinco sentidos humanos: vista, olfato, gusto, tacto, y audición. Cada uno de los sentidos consiste en células especializadas que tienen receptores que reaccionan a estímulos específicos. Estas células están conectadas por medio del sistema nervioso al cerebro. Las sensaciones se detectan en forma primitiva en las células y se integran como sensaciones en el sistema nervioso. La vista es "probablemente" el sentido más desarrollado de los seres humanos, seguido inmediatamente por la audición[9].

En lo descrito por el filósofo prusiano Immanuel Kant, se observa claramente que menciona: "la vista es probablemente el sentido más desarrollado de los seres humanos, seguido inmediatamente por la audición". Esto es entendible porque sus estudios datan de alrededor de 1760, y el desarrollo de los tipos de aprendizaje se ha dado a partir de mediados del 1900. Este punto lo explico detalladamente en el subcapítulo "Tipos o estilos de aprendizaje".

Es importante resaltar que los tipos o estilos mixtos de aprendizaje no existen. Los sentidos que en este trabajo tomamos en cuenta y que son los más relevantes para el proceso de

---

9 "Anatomía y estructura de los cinco sentidos del cuerpo humano", *Scientific Psychic,* consultada el 26 marzo, 2014, http://www.scientificpsychic.com/workbook/sentidos-humanos.html

enseñanza y aprendizaje son el visual, el auditivo y el quinestésico, ya que nos indican no solo cómo podemos aprender con facilidad, sino también cómo percibimos el mundo, cómo vivimos, qué es importante para nosotros, y además dónde se ubican nuestras debilidades, con la finalidad de poder trabajar en ellas y reducirlas considerablemente mediante el uso de técnicas desarrolladas para tal fin.

Por regla general, tenemos desarrollados todos los sentidos, pero no todos con la misma intensidad. Por ello, cada individuo tiene un orden personal de desarrollo de sus sentidos. Este orden personal de los sentidos influye mucho en la percepción que tenemos del mundo en general, en nuestra vida, y sobre todo en nuestras relaciones, tanto sociales y académicas, como laborales.

Para entender mejor la idea de la sucesión o el orden de los sentidos, presentaré un cuadro en el que se muestran los seis tipos existentes. El sentido visual se representa por medio del ojo; el sentido auditivo, por medio de la oreja; y el sentido táctil —que será denominado quinestésico—, por medio de la mano.

NIVEL	TIPO O ESTILO EN FUNCIÓN AL ORDEN DE LOS SENTIDOS					
	TIPO 1 VISUAL	TIPO 2 VISUAL	TIPO 3 AUDITIVO	TIPO 4 AUDITIVO	TIPO 5 QUINESTÉSICO	TIPO 6 QUINESTÉSICO
1 Exterior	👁	👁	👂	👂	🤙	🤙
2 Exterior-Interior	🤙	👂	👁	🤙	👂	👁
3 Interior	👂	🤙	🤙	👁	👁	👂

La sucesión de los sentidos presentada, o el orden de estos, se refiere a los niveles en los que se encuentra. Esta ubicación tiene un significado determinado.

1. **Primer nivel**: Está relacionado con el **"consciente"**, con nuestra relación con el mundo exterior. Se trata de los aspectos de la vida: ver, aprender, recordar, distraerse, manifestar las emociones, percibir los detalles, comportarse en las discusiones, sentir el afecto, el aprecio y el amor. Con este sentido actuamos en el mundo exterior, y se aprenden nuevas experiencias.
2. **Segundo nivel**: Está relacionado con el **"subconsciente o preconsciente"**. Este es el puente entre el mundo exterior y el mundo interior. Se trata de los aspectos de la vida: ordenar, arreglar, clasificar, la digestión de las impresiones, el miedo y nuestras capacidades. Con este sentido digerimos todo lo que hemos aprendido y vivido en el mundo exterior.
3. **Tercer nivel**: Está relacionado con el **"inconsciente"**. Este nivel es el enlace a nuestro mundo interior. Se trata de los aspectos de la vida: rechazo, nuestra vulnerabilidad, nuestras debilidades, características corporales y reproches. Este es un sentido muy personal, el cual está relacionado con nuestros deseos íntimos o secretos. En este nivel se encuentra la aceleración del almacenamiento de la información.

En este punto es muy importante resaltar que el término "consciente" fue utilizado por el austriaco Sigmund Freud, como adjetivo para calificar un estado psíquico, o bien como sustantivo, para indicar la localización de ciertos procesos constitutivos del funcionamiento del aparato psíquico. "El término 'aparato psíquico' fue utilizado por la teoría freudiana para subrayar ciertos caracteres que esta atribuye al psiquismo, tales como su capacidad de trasmitir y transformar una energía determinada y su diferenciación en sistemas o instancias. Es decir que el aparato psíquico funciona como regulador entre la energía interna y las energías externas del ambiente"[10].

Lo que es muy significativo es que cada persona utiliza los tres sentidos, pero con un orden de prioridad y de efectividad diferente. Por otro lado, es importante mencionar que no existen tipos mixtos, simplemente existe un orden, una sucesión de los sentidos. Es más fácil hacer uso del sentido más desarrollado, en este caso el que se encuentra en el nivel 1, o sea en el nivel de consciencia. Podríamos decir que en el primer nivel se encuentra nuestra fuerza, y en el tercer nivel, nuestra debilidad.

Es muy importante saber que "bajo estrés los sentidos fallan". El primer sentido afectado es el que se encuentra en el tercer nivel, lo que significa que no se está en la capacidad de usar al 100% el sentido que se encuentra en ese nivel.

La mayoría de conflictos que tenemos tanto en el ámbito social y en el académico como en el laboral tiene que ver mucho con el orden de los sentidos mostrados anteriormente, sobre todo cuando estamos tratando con una persona que posee un orden de los sentidos diferente.

Los tipos o estilos de aprendizaje no tienen ninguna correlación con el nivel de inteligencia. No hay tipos más inteligentes que otros, se trata, sobre todo y ante todo, de diferencias. Aquí es donde recae la importancia del conocimiento de este punto para poder analizar cómo estamos aprendiendo y lo que necesitamos para poder estar bien y para potenciar nuestros recursos y nuestras capacidades.

---

10   "Las tópicas freudianas y el aparato psíquico", *El Psicoasesor,* consultada el 26 marzo de 2014. http://www.elpsicoasesor.com/las-topicas-freudianas-y-el-aparato-psiquico/

Asimismo, es necesario saber que, cuando estamos bien y cuando nos sentimos a gusto, podemos usar y aprovechar muy bien el potencial de todos nuestros sentidos.

Ahora explicaré con un ejemplo cómo se reacciona cuando ocurre un accidente y nos encontramos en un momento de estrés. Para ello haré uso de los tipos mostrados en el cuadro anterior, los cuales van del 1 al 6. Utilicé esa numeración sólo para mostrar visualmente cuál es el sentido que más se adecua a nuestro sistema educativo, en este caso el visual (tipos 1 y 2) y, como se explicó anteriormente, el sentido acústico, que está normalmente en el medio de los otros dos (tipos 3 y 4).

1. **Tipo 1**: El sentido más fuerte o desarrollado es el visual, y el sentido menos desarrollado o más vulnerable es el auditivo. Por eso, en ese momento de estrés debido al accidente, se bloquea el sentido auditivo, y la persona no se da cuenta de las indicaciones que le puedan estar dando, o de lo que se le pueda estar diciendo.
2. **Tipo 3**: El sentido más fuerte o desarrollado es el auditivo, y el sentido menos desarrollado o más vulnerable es el quinestésico. Por eso, en ese momento de estrés debido al accidente, se bloquea el sentido quinestésico, lo que impide actuar, la persona prácticamente se paraliza y se queda inmóvil.
3. **Tipo 5**: El sentido más fuerte o desarrollado es el quinestésico, y el sentido menos desarrollado o más vulnerable es el visual. Por eso, en ese momento de estrés debido al accidente, se bloquea el sentido visual, y no es posible observar claramente las cosas que están sucediendo.

Otro de los puntos importantes que debo mencionar es que una persona no puede cambiar el orden de los sentidos, lo que puede hacer es desarrollarlos más. Asimismo, es fundamental entender que el nivel de nuestros sentidos varía de una per-

sona a otra, vale decir, una persona puede tener uno de los seis tipos, pero con las siguientes particularidades:
1. Los tres sentidos pueden estar muy desarrollados.
2. Dos de los sentidos pueden estar muy desarrollados, y el tercero no.
3. Uno de los sentidos puede estar muy desarrollado, y los otros dos no.
4. Los tres sentidos pueden estar poco desarrollados.

Lo más importante es el conocimiento y la aceptación del orden de nuestros sentidos, o sea, de nuestro tipo, ya que el cuerpo sabe lo que necesita, y no podemos ir en contra de su naturaleza. Este es un punto de mucha importancia no solo en el ámbito personal, sino y sobre todo en el social.

El nombre que utilizamos para describir nuestro estilo o nuestro tipo de aprendizaje está basado en el sentido más fuerte que poseemos, puede ser el de tipo visual (tipos 1 y 2), tipo auditivo (tipos 3 y 4) y tipo quinestésico (tipos 5 y 6).

> Esta tipología de los tipos de aprendizaje fue desarrollada por la profesora y psicoterapeuta Dawna Markova (USA). Lo especial e innovador del Modelo Markova son tres cosas:
>
> 1. La primera innovación es el conocimiento de que para los tres principales tipos no hay ningún tipo mixto. Cada persona utiliza al aprender todas las cualidades de los diferentes sentidos, pero en diferente orden. Eso hace del Modelo de Tres un Modelo de Seis (vgl. Markova 2005, S.50f.).
>
> 2. La segunda innovación que se extrae del trabajo de Markova es que si nosotros nos sentimos bien, tenemos acceso, en una determinada sucesión y en distinta formación, a las diferentes cualidades y capacidades de todos nuestros sentidos. Pero si al contrario estamos con estrés, caen los sentidos poco a poco, y permanecen a disposición la correspondiente calidad y capacidad de los sentidos de manera limitada, comenzando por el tan conocido sentido inconsciente o sentido N° 3. Ese conocimiento tiene grandes consecuencias para la enseñanza y el aprendizaje.

3. El tercer aspecto importante de la tipología de Markova es que está muy orientada a la práctica, y estos tipos de aprendizaje pueden ser utilizados integrando los principios básicos de esa tipología y no solamente en el ámbito del aprendizaje, sino también en otros ámbitos de la vida.[11].

Taller de Sugestopedia y Superaprendizaje "Neurodidacta en su forma más elevada", desarrollado por la Dra. Claudia Dostal (Austria). Lima, Perú 2013.

---

11   Dostal, *Qualitätsverbesserung des Schulunterrichts*, 71-72.

4. Identificación del tipo o estilo de aprendizaje

Para poder identificar el tipo o estilo que tenemos, podemos hacer lo siguiente:
1. Identificar en primer lugar el sentido más fuerte que tenemos, el cual está en el primer nivel. Para ello debemos leer detalladamente las características de los tres sentidos presentadas en el subcapítulo "Tipos o estilos de aprendizaje", en el que se detallan las características del tipo visual, del auditivo y del quinestésico.
2. El sentido que más nos caracteriza es el que nos permite señalar el tipo o estilo de aprendizaje que tenemos, o sea si somos del "tipo visual", del "tipo auditivo" o del "tipo quinestésico".
3. Para identificar el tipo que tenemos, y después de conocer nuestro sentido más fuerte, que se encuentra en el primer nivel, es necesario y más fácil identificar el sentido más débil, es decir, el que se encuentra en el tercer nivel.
4. El sentido más débil está relacionado normalmente con los reproches que recibimos en la vida cotidiana, como cuando nos dicen "¡no ves!", "¡por qué no miras!", "¡eres ciego o qué!", entre otros, que identifican al sentido visual como el más débil. O cuando nos dicen "¡no escuchas!", "¡por qué no escuchas!", "¡eres sordo o qué!", "¡siempre te lo repito!", entre otros, que identifican al sentido auditivo como el más débil. O cuando

nos dicen "¡por qué no lo haces!", "¡nunca haces nada!", entre otros, que identifican al sentido quinestésico como el más débil.

5. Otra forma de identificar el sentido más débil es cuando nos encontramos cansados, si el sentido más débil es el visual, ya no podremos ver nada; si el sentido más débil es el auditivo, ya no podremos escuchar nada; y si el sentido más débil es el quinestésico, ya no podremos hacer nada. También podemos decir que si el sentido más débil es el visual, nos afectará mucho cómo nos miren; pero si el sentido más débil es el auditivo, nos afectará mucho cómo nos hablen.

6. Conociendo ya el sentido más fuerte y el más débil, podemos determinar cuál de los seis tipos es el que poseemos, lo cual nos permitirá potenciar y mejorar mucho nuestro rendimiento académico y laboral y nuestras relaciones humanas.

5. Activación y desbloqueo de los sentidos

Anteriormente se explicó que en un momento de estrés, se bloquean los sentidos, comenzando por el más débil, o sea por el que se encuentra en el tercer nivel. Por ello, es muy importante conocer ciertas técnicas para activar o desbloquear los sentidos afectados:

1. Mediante la relajación, la cual tarda un poco.
2. Mediante el cambio de actividades cada cierto tiempo.
3. Mediante la aplicación de ejercicios físicos que tienen resultados inmediatos denominados *Brain Gym* o "gimnasia para la mente" desarrollados en los Estados Unidos de Norteamérica por el profesor Ph.D. Paul E. Dennison. Estos ejercicios tienen un efecto inmediato en el cerebro, es sencillo de realizarlos, pero sobre todo muy efectivo. Son tres ejercicios los que tomaremos en consideración, los cuales generan un resultado efectivo e inmediato en el sentido correspondiente. Estos ejercicios se deben aplicar sobre todo antes de iniciar una lectura o comenzar con los estudios. Es necesario hacerlo por lo menos una vez al día y cuando se sienta la necesidad de realizar el ejercicio. Es una forma de desbloquear las barreras que afectan la capacidad de nuestros sentidos, y los resultados los podremos observar claramente después de poco tiempo. Lo mejor de todo es que sólo se requieren tres minutos aproximadamente para activar todos los sentidos que predominan

en los tipos de aprendizaje antes explicados. Así como el cuerpo necesita calentarse primero antes de realizar ejercicios físicos, la mente, el cerebro, necesita calentarse antes de trabajar mentalmente. Es recomendable que después de realizar los ejercicios que se explicarán en los siguientes párrafos, se tome un poco de agua.

- Para activar el sentido auditivo, se deben frotar las orejas con los dedos de las manos, de manera paralela y, al mismo tiempo, realizando el movimiento de abajo hacia arriba y viceversa. Esto es importante ya que allí se encuentran los terminales nerviosos que influyen en la comprensión lectora y en el habla. Estimulando esos centros nerviosos mejora muchísimo la capacidad de comprensión auditiva, el discurso en público, el discurso interno, la ortografía y las matemáticas. Es recomendable hacer este movimiento por lo menos una vez al día, pero cinco veces.
- Para activar el sentido visual, debemos usar el movimiento de las manos formando un ocho inclinado, que representa el símbolo infinito (∞). Primero unas diez veces con la mano de la derecha, luego diez veces con la mano izquierda y finalmente diez veces con las dos manos estiradas paralelas al piso; el movimiento de las manos debe seguirse con la vista, pero sin mover la cabeza. Mejora muchísimo la ortografía, la escritura, la lectura y la comprensión. Es recomendable hacer este movimiento por lo menos una vez al día.
- Para activar el sentido quinestésico, debemos movernos hacia adelante y hacia atrás, desplazando los brazos y las rodillas de manera cruzada, o sea codo derecho con rodilla izquierda y viceversa. Igualmente es recomendable realizar este movimiento por lo menos una vez al día.

Ejercicio de activación y desbloqueo del sentido auditivo.

Ejercicio de activación y desbloqueo del sentido visual.

Ejercicio de activación y desbloqueo del sentido quinestésico.

Científicos de la Universidad de Gottingen, Alemania, investigaron si hay una relación entre el movimiento y el rendimiento o capacidad del cerebro, en el que los participantes debían montar bicicleta tres veces a la semana durante 30 minutos cada vez, los resultados mejoraron constantemente. Seis meses duró la investigación, y determinaron que con ello se incrementa la reserva de la capacidad de pensamiento, y se reduce la probabilidad de demencia en personas mayores. Hasta en ratas se observa el cambio de la estructura cerebral después de dos meses de movimiento en la rueda interna de su jaula, y lo impresionante fue que ese fortalecimiento cerebral se mantiene por un buen tiempo aunque ya no realicen el movimiento. Las células nerviosas funcionan mucho mejor.[12]

---

12 Documental sobre la neurociencia, RWW Praxis, Alemania 2014.

6. Importancia de los tipos de aprendizaje en los resultados académicos

Dentro de los estilos de aprendizaje, es importante saber lo siguiente:
1. No hay ninguna correlación con el nivel de inteligencia.
2. Se trata de diferencias y nada más.

Este es un punto muy importante que quiero resaltar, porque muchas veces creemos que hay estudiantes o personas más inteligentes que otras por el simple hecho de tener mejores notas en las evaluaciones. Pero en realidad esto se debe a las características y a la forma de enseñanza y de aprendizaje en el sistema educativo, las cuales tienen una tendencia muy marcada y que va en relación con lo que requieren los tipos o estilos visuales.

Por otro lado, esperamos y hasta exigimos que las otras personas actúen como nosotros actuamos, ya que siempre partimos de lo que nosotros hacemos pensando en que los demás también deben actuar de la misma manera. Es en ese momento en el que se presentan los grandes problemas en los procesos de transferencia de información, así como en el ámbito social y laboral.

Los tipos visuales son los que tienen los mejores resultados académicamente hablando por las características del sistema educativo de enseñanza en casi todo el mundo. La mayoría de los académicos y de los profesionales tienen ese tipo o estilo de aprendizaje.

Los tipos auditivos tienen problemas porque no cuentan con la oportunidad para poder discutir lo que han escuchado, y, como ya se mencionó anteriormente, estas personas requieren comunicarse con otras para anclar la información recibida.

Ahora podemos entender mucho mejor por qué en una familia con varios hijos, estos tienen características distintas, lo cual se ve reflejado muchas veces tanto en los resultados en los estudios, como en sus expectativas para el futuro.

Es importante mostrar la diferencia del resultado académico de estos tres tipos de aprendizaje. Para ello tomaré como ejemplo la escala de evaluación de Austria, de la República Federal de Alemania y del Perú.

En Austria las notas van de 5.0 a 1.0, en Alemania de 6.0 a 1.0, y en el Perú van de 0 a 20. La diferencia de notas obtenidas por los estudiantes en el sistema de evaluación tanto austriaco como alemán es de medio punto (0.5) aproximadamente, lo que correspondería a una diferencia de 2.5 puntos en el sistema de evaluación peruano.

Para entender mejor el ejemplo, pasaré a explicar los puntajes de evaluación utilizados tanto en el sistema austriaco como en el sistema peruano. Para ello aplicaré lo que en las matemáticas se denomina la Ley de Proporcionalidad.

Si 5.0 es a 0 = menor nota
Cuál es el valor de X si: X es a 2.5
Si 1.0 es a 20 = mayor nota
Procedimiento:
$(2.5 - 0)/(20 - 0) = (X - 5)/(1 - 5)$
Donde $X = 4.5$

Interpretando, podemos decir que cada 2.5 puntos de variación ascendente en el sistema de evaluación peruano, corresponde una variación descendente de 0.5 puntos en el sistema de evaluación austriaco. En el siguiente cuadro presento la escala de evaluación del sistema austriaco, y la relación que tiene con el sistema de evaluación peruano.

SISTEMA AUSTRÍACO		SISTEMA PERUANO
5.0	Menor nota	0
4.5		2.5
4.0		5
3.5		7.5
3.0		10
2.5		12.5
2.0		15
1.5		17.5
1.0	Mayor nota	20

Vale decir que si el promedio de notas del tipo visual es de 1.5 en Austria, en el Perú sería 17.5. Si el promedio de notas del tipo quinestésico es de 2.0 en Austria, en el Perú sería 15. Y si el promedio de notas del tipo auditivo es de 2.5 en Austria, en Perú sería de 12.5.

Asimismo, es necesario explicar que los estudiantes que tienen el sentido auditivo en el nivel 3, o sea en el nivel más débil, como podemos observar en los tipos 1 y 6 del gráfico, ya no escuchan con atención cuando están cansados, por lo tanto no aprenden y no captan la información que se les pueda brindar en clase, ya que su sentido más vulnerable ha sido afectado, y no pueden captar nada de lo que se les dice porque están en un momento de estrés debido al cansancio.

Lo mismo ocurre si los estudiantes tienen el sentido visual en el nivel 3, o sea en el nivel más débil, como se puede observar en los tipos 4 y 5 del gráfico, cuando están cansados ya no observan con atención, por lo tanto no aprenden y no captan la información que se les pueda brindar en clase, ya que su sentido más vulnerable ha sido afectado, no pueden captar nada de lo que se les muestra porque están en un momento de estrés debido al cansancio. Normalmente este tipo de estudiantes son los que tienen los peores resultados académicamente hablando, por el sistema de enseñanza que tenemos.

Estos resultados tienen una relación directa con la concentración que se requiere durante el proceso de aprendizaje. Los tipos visuales tienen una gran ventaja respecto de los tipos quinestésicos, ya que, mientras los primeros necesitan silencio y tranquilidad, los quinestésicos requieren de movimiento. Por ello considero importante mostrar lo siguiente:

> Si nos ponemos a pensar que en conjunto en los últimos veinte años se han reducido drásticamente los espacios de juego o movimiento en las ciudades y locales para niños, se puede medir que tienen una gran influencia en el desarrollo mental y corporal de los niños (vgl. Lieberts 2003, S.13, Hannaford 2001)[13].

---

13 Dostal, *Qualitätsverbesserung des Schulunterrichts*, p. 85.

7. Importancia del entendimiento de los tipos de aprendizaje en las relaciones sociales y laborales

Después de haber visto algunos ejemplos en cuanto a las preferencias y las características de los tipos o estilos de aprendizaje, es importante mencionar que lo más significativo en las relaciones interpersonales es entender que somos diferentes por naturaleza, que cada uno de nosotros tiene un tipo determinado con características específicas, y ese entendimiento nos permitirá evitar conflictos en nuestras relaciones, ya que las partes actuarán en función a su propia naturaleza y no en función a lo que espera la otra parte.

Quisiera poner un ejemplo quizá muy cotidiano en nuestras vidas. Las personas que tienen el sentido auditivo en el nivel 3, o sea en el nivel más débil, tal como podemos observar en el gráfico, los tipos 1 y 6 ya no escuchan con atención cuando están cansadas, por eso muchas veces se les dice algo en ese momento, y aparentemente han entendido o escuchado con atención, pero pasado un tiempo se les habla del mismo tema, y ellos actúan como si no hubiesen escuchado. Lo que en realidad pasó es que escucharon, pero no oyeron, ahí está la gran diferencia. En este tipo de situaciones surgen los conflictos en diferentes escenarios, por no tener en cuenta estos puntos, o por no conocer lo que los estudios al respecto han demostrado como algo natural.

Es relevante mencionar que muchos de los varones tienen el sentido auditivo en el nivel más vulnerable, o sea en el tercer nivel; en cambio, muchas mujeres lo tienen en el segundo nivel. En resumen, se puede decir que las acciones de las personas están basadas en las características propias de su tipo de aprendizaje, que es una característica individual y que debemos conocer para entender.

> En las relaciones interpersonales son ante todo las percepciones visuales y acústicas las de mayor importancia. Ellas fluyen por un lado de manera consciente, en la cual la innumerable cantidad de estímulos de una percepción son transmitidos e interpretados. Por otro lado, son percibidos de manera inconsciente los distintos estímulos ambientales. La percepción es dependiente del factor tiempo (¿cuándo?, ¿cuánto tiempo?, ¿cuán frecuente?) y del factor lugar (¿qué distancia?, ¿qué ángulo de visión?)[14]

Es muy común encontrarnos en situaciones de conflicto por un simple error comunicacional, por ello deseo citar lo siguiente: "La verdad no es lo que A le ha dicho a B, sino lo que B ha entendido"[15].

---

14   Führungsakademie der Bundeswehr, *Lernunterlagen LGAI 2013: Militärische Führung und Organisation* (Hamburg: 2013), 6.
15   Führungsakademie der Bundeswehr, *Lernunterlagen LGAI 2013*, 7.

8. Importancia de los hemisferios del cerebro en la sugestopedia

El Modelo de los Hemisferios de nuestro cerebro (vgl. Springer/ Deutsch 1993, Edelmann 2000, S.15ff), el cual se hizo conocido por medio de la investigación de Roger Sperry (Premio Nobel 1981), muestra claramente dos cosas de la separación del lado derecho e izquierdo del cerebro:

1. Que las personas tienen un marcado dominio del lado derecho o izquierdo del cerebro, lo cual se puede diferenciar también en el comportamiento de aprendizaje.

2. La mayor parte del potencial humano queda inactivo cuando no es forzado en las clases, a lo cual contribuye la aceptación de los métodos de enseñanza en clases del hemisferio derecho, como por ejemplo, cuando se eleva la cantidad de movimiento o el uso de música (vgl. Prashnig 2004, S.14f.).[16]

Para poder entender la razón de la efectividad del método sugestopédico en el proceso de enseñanza y aprendizaje, es necesario, primero, conocer la importancia y las funciones cerebrales, o sea las funciones tanto del hemisferio derecho como del hemisferio izquierdo.

Este es un punto trascendental ya que, ¿cómo podríamos pretender usar todas las capacidades del cerebro humano, y tratar de llevarlo al máximo de su real rendimiento, si desconocemos cuál es su real potencial?

Antes que la información sea procesada por los hemisferios, siempre pasa por el sistema límbico, formado por varias estructuras cerebrales que gestionan respuestas fisiológicas

---

16   Dostal, *Qualitätsverbesserung des Schulunterrichts*, 59.

ante estímulos emocionales. Está relacionado con la memoria, la atención, los instintos sexuales, las emociones (por ejemplo: placer, miedo, agresividad), la personalidad y la conducta. Está formado por el tálamo, el hipotálamo, el hipocampo, la amígdala cerebral, el cuerpo calloso, el septo y el mesencéfalo.

"El *sistema límbico* está compuesto por un conjunto de estructuras cuya función está relacionada con las respuestas emocionales, el aprendizaje y la memoria. Nuestra personalidad, nuestros recuerdos y, en definitiva, el hecho de ser como somos dependen en gran medida del sistema límbico[17].

Es importante lo mencionado, ya que toda la información que procesamos se codifica con un sentimiento, el cual trabaja directamente con el sistema límbico. Eso quiere decir que puede haber sentimientos tanto positivos como negativos. Si los sentimientos presentes en el momento de querer almacenar información en el cerebro son negativos como cuando estamos aburridos o como cuando tenemos miedo o ansiedad, eso bloqueará nuestra capacidad o nuestro potencial de aprendizaje. En sentido contrario, si los sentimientos son positivos, como cuando estamos felices o cuando nos sentimos bien, estaremos en la capacidad de usar todo nuestro potencial para almacenar información.

Lo interesante en este punto es que cuando la codificación de la información es negativa, no podremos acceder a la información, no podremos recuperar la información porque existe un bloqueo natural. Eso se da porque cuando se desea recuperar la información codificada negativamente, también se trae al recuerdo la emoción negativa, por ello rechazamos ese tipo de información de manera inconsciente.

A continuación describiré las características más saltantes de ambos hemisferios del cerebro, para poder visualizar el potencial de cada uno de ellos, con la finalidad de entender el porqué de la importancia de ciertas técnicas para mejorar nues-

---

17 "Sistema límbico", *Psico Activa, consultada* el 26 marzo de 2014, http://www.psicoactiva.com/atlas/limbic.htm

tras relaciones sociales, para acelerar el proceso de aprendizaje y para potenciar nuestro rendimiento en el ámbito laboral.

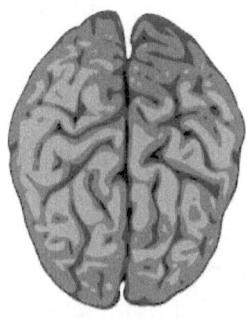

PROCESAMIENTO DE LA INFORMACIÓN POR LOS HEMISFERIOS	
HEMISFERIO IZQUIERDO	HEMISFERIO DERECHO
LADO IZQUIERDO DE NUESTRO CUERPO	LADO DERECHO DE NUESTRO CUERPO
PROCESO LÓGICO	PROCESO CREATIVO
Lado consciente	Lado inconsciente
Memoria a corto plazo	Memoria a largo plazo
Proceso lento	Proceso rápido
Se observa en detalle	Se observa en conjunto
Se da paso a paso	Se da simultáneamente
Su función es separar	Su función es unir
Palabras	Imágenes
Es abstracto	Es concreto
Hay noción del tiempo	Hay pérdida de la noción del tiempo
Líneas	Curvas
Rechaza o critica	Acepta
Es activo	Es receptivo
Es mundano	Es espiritual
Analiza	Música
Reglas	Arte
Investiga	Movimiento
Fórmulas	Tono de voz
Razón	Sentimiento
Cifras y letras	Lenguaje del cuerpo

En este punto es importante mencionar que hay aspectos que van a depender de la actividad que estemos realizando. Por ejemplo, si escuchamos música, estamos activando el hemisferio derecho del cerebro y potenciando de esa forma el proceso creativo. Pero si estamos analizando la teoría de la música, estamos activando el hemisferio izquierdo del cerebro ya que se requiere del análisis. Por eso la importancia del entendimiento de la actividad que estamos realizando para determinar qué hemisferio se activará.

Por poner otro ejemplo, en Austria se ha separado la profesión de traductor de la de intérprete, ya que requieren cualidades y competencias diferentes. El traductor realiza un trabajo más detallado y de análisis al traducir un libro, para lo que requiere activar el lado izquierdo del cerebro. En cambio, el intérprete realiza una traducción simultánea hablada, para lo cual requiere velocidad y una acción simultánea, activando o requiriendo por eso el hemisferio derecho.

Con la mente lógica, o sea con el hemisferio izquierdo, se aprenden nuevas cosas, pero con la mente creativa, o sea con el hemisferio derecho, se retiene, se almacena información a largo plazo.

Aquí podemos observar claramente que nuestro sistema educativo fomenta las cualidades del hemisferio izquierdo, pero la memoria a largo plazo se encuentra en el otro hemisferio. Esa es la razón por la que mucha información que se aprendió en un momento determinado y que se almacenó en la "memoria a corto plazo" ya no se recuerda. Este es un paso fundamental que debemos dar, ya que lo importante es aprender algo para recordar en el tiempo, y para ello debemos almacenar la información en la "memoria a largo plazo". En este punto la sugestopedia juega un rol preponderante, porque utiliza técnicas y métodos que incrementan nuestro potencial mediante el uso de música, juegos, movimientos, colores, etcétera.

Increíblemente el sistema educativo con el que contamos va matando paulatinamente la capacidad creativa que tenemos. Por eso se dice que "del 98% de los niños que vienen al mundo con una genialidad, sólo el 2% la mantiene al culminar la etapa escolar. Ese es el resultado de nuestro sistema de educación"[18].

El cerebro tiene verdaderamente un enorme potencial, pero para desarrollarlo y sacar provecho de él, debemos conocer cuál es ese potencial. El Dr. Graham Rawlinson fue quien presentó cómo el cerebro puede leer las palabras que tienen las letras en posiciones diferentes porque lo que el cerebro reconoce son las primeras y las últimas letras de una palabra. Él presentó su tesis en la Universidad de Cambridge, en Gran Bretaña, en 1976. Esto sucede porque de acuerdo con el neuromecanismo, el cerebro tiene la función de completar información, y lo hacemos de manera inconsciente.

A continuación presento parte de la tesis del Dr. Graham Rawlinson en su versión original:

> Aoccdrnig to a rscheearch at Cmabrigde Uinervtisy, it deosn't mttaer in waht oredr the ltteers in a wrod are, the olny iprmoetnt tihng is taht the frist and lsat ltteer be at the rghit pclae. The rset can be a toatl mses and you can sitll raed it wouthit porbelm. Tihs is bcuseae the huamn mnid deos not raed ervey lteter by istlef, but the wrod as a wlohe[19].

Ahora presento el texto correspondiente en castellano:

> Cfrnome a un etsuido de la uvniesrdiad ed Cmabrigde, no es ipmonratnte en qéu sceunecia etsen las lteras dnetro de una plarabra, lo úncio que es imotprante es que la premira y la útlima lerta de la plarabra etsén en la poicsión cerrocta. Lo dmeás peude ser cuqiualier cosa sin setindo, a psear de eso se peude leer sin

---

18 "Alphabet" Consultada el 26 de marzo de 2014. http://www.alphabet-derfilm.at/

19 "Dr. Graham Rawlinson C. Psychol FRSA", Next Step Associates, consultada el 26 de marzo de 2014. http://www.nextstepassociates.co.uk/about-us/people/graham-rawlinson/

nigngún prbolema el txeto. Eso es poqrue el cererbo hmauno no lee cada lerta de la plarabra, snio tdoa la plarabra en su cnoujnto.

Realmente dudo mucho que no hayan podido comprender el texto anterior, pero de todas formas considero conveniente mostrar el texto en su forma normal:

> Conforme a un estudio de la Universidad de Cambridge, no es importante en qué secuencia están las letras dentro de una palabra, lo único que es importante es que la primera y la última letra de la palabra estén en la posición correcta. Lo demás puede ser cualquier cosa sin sentido, a pesar de eso, se puede leer sin ningún problema el texto. Eso es porque el cerebro humano no lee cada letra de la palabra, sino toda la palabra en su conjunto.

Otros especialistas también explican la importancia de la función del cerebro de completar información, y esto se da de manera natural, inconsciente, y de acuerdo con nuestras experiencias: "Ese complemento sucede con una velocidad de 400 a 2000 veces más rápido que nuestra capacidad consciente"[20].

---

20   Vera F. Birkenbihl, "Erfolgs Psychologie" (seminario presentado en Alemania, 2007).

9. Importancia del uso de las ondas del cerebro en la sugestopedia

También es importante tener en cuenta los diferentes estados de la mente, para ello es necesario explicar los diferentes tipos de ondas presentes en nuestro organismo, ya que existe electromagnetismo en el cerebro. Estas ondas portan una frecuencia determinada, pero que van cambiando de acuerdo con el estado físico mental en el que nos encontramos.
1. **Ondas beta**: Tienen una frecuencia de 14 a 30 Hz. Son ondas rítmicas, son altas y bajas a la vez, son abruptas, nos activan el estado de alerta, de percepción del espacio y del tiempo y del proceso de información. Es una onda acelerada y desordenada. Estas ondas se dividen en dos: **Beta1**, con una frecuencia de 14 a 20 Hz, es un estado consciente, esta es una onda más relajada, pero activa, estado de alerta, se percibe el espacio y el tiempo, el estado de la realidad durante el día, procesa información, está relacionada con las capacidades del hemisferio izquierdo y dirigido hacia el exterior, lo que hace posible analizar, criticar y dar detalles. **Beta2**, con una frecuencia de 20 a 30 Hz, es el estado caracterizado por el nerviosismo, la ansiedad, en general el estado de estrés. En este estado no es posible acceder a la capacidad de aprendizaje por los bloqueos que están presentes.
2. **Ondas alfa**: Tienen una frecuencia de 8 a 13 Hz. Es un estado consciente, despierto y relajado sin procesar

información, de concentración relajada, buena sincronización entre el hemisferio izquierdo y el hemisferio derecho, o sea del lado lento al lado veloz, de la memoria a corto plazo a la memoria a largo plazo, es el estado de regeneración tanto corporal como mental, hay una buena relación entre lo consciente y lo subconsciente; un estado de desarrollo de la creatividad, la memoria y la intuición, muy receptiva a las sugestiones. *En los niños entre 4 y 6 años de edad predomina este tipo de ondas, por eso todas las cosas que son nuevas las captan fácil y rápidamente, y tal es la causa de que esos años de la infancia sean la etapa de la vida en la que se aprende más. Estas ondas aceleran el proceso de aprendizaje, ya que la información pasa directa y rápidamente al hemisferio derecho y se almacena en la memoria a largo plazo. Por esta razón, el método sugestopédico lo denomina el "estado ideal del aprendizaje", trabajando consecuentemente con estas ondas para potenciar el proceso de aprendizaje. Para llegar a este estado debemos hacer uso de la música, se recomienda sobre todo la música clásica y la música barroca.*

3. **Ondas teta**: Tienen una frecuencia de 4 a 7 Hz, es un estado de relajación absoluta, estado de conexión con uno mismo, se despierta la creatividad y la memoria, hay sueño ligero, y es un estado sugestionable. Dormir es la materialización del sueño ligero.

4. **Ondas delta**: Tienen una frecuencia de 0.2 a 3 Hz, es un estado de sueño profundo y de reparo, el cuerpo está en estado de autorregeneración, el hemisferio derecho está en plena actividad, se accede a la información de manera inconsciente, son las ondas dominantes en los recién nacidos hasta el primer año de edad. Por eso los niños son muy receptivos, y las impresiones llegan directamente al inconsciente.

Todos los días están presentes las diferentes ondas en momentos diferentes, alguna de ellas domina en ciertos momentos. En sugestopedia no se trabaja con las ondas teta ni delta, solamente con las ondas beta y con las ondas alfa, ya que la sugestopedia no es una terapia. Además, es el estado ideal para el aprendizaje, se regeneran al mismo tiempo el cuerpo y la mente. El trabajo sugestopédico es relajante, en el que se gana mucho tanto desde el punto de vista de la salud física como mental.

Para poder llegar a estos estados por medio de la sugestión, debemos usar la técnica denominada "Conciertos de aprendizaje", los cuales se dividen en:

- "Primer concierto de aprendizaje", el cual es denominado también "concierto activo" ya que nos encontramos en el estado en el que están presentes las ondas beta.
- "Segundo concierto de aprendizaje", denominado también "concierto pasivo", ya que nos encontramos en el estado en el que están presentes las ondas alfa.

"La sugestopedia recomienda escuchar música clásica durante el llamado 'primer concierto de aprendizaje', para ello lo más recomendable es la música de Mozart, Beethoven o Haydn, con la finalidad de despertar e incrementar la atención, estimulando al mismo tiempo la armonía y el orden. Este es un tipo de música con muchos contrastes. También recomienda escuchar música barroca durante el llamado 'segundo concierto de aprendizaje', para ello lo más recomendable es la música de Bach, Vivaldi, Händel, Telemann o Corelli, con la finalidad de repetir la información y el contenido trabajado anteriormente. Este tipo de música es muy regular"[21].

"La investigación sobre música especial para la sugestopedia confirma los resultados positivos de esta. Según Lozanov,

---
21 Dostal, *Qualitätsverbesserung des Schulunterrichts*, p. 109.

cada pieza de música, que fue utilizada por él en clases, anteriormente había sido probada en su laboratorio. Sus investigaciones muestran que por medio de la música cambian las frecuencias de las ondas del cerebro, en la que las ondas alfa se incrementan (vgl. Lozanov 1986, S.13)"[22].

---

22   Dostal, *Qualitätsverbesserung des Schulunterrichts*, p. 111.

10. Importancia de la sugestión en la sugestopedia

El Dr. Lozanov dijo que la sugestión es un proceso comunicacional constante, es un mensaje adicional de lo que decimos, el cual puede ser positivo o negativo, pero en la sugestopedia se usan los mensajes adicionales positivos para potenciar el conocimiento.

Hay dos clases de sugestiones:
1. **Sugestiones verbales**: mediante el lenguaje verbal.
2. **Sugestiones no verbales**: mediante el lenguaje corporal. *Es importante resaltar que el lenguaje corporal es más fuerte que el lenguaje verbal.*

También se pueden dividir este tipo de sugestiones en:
1. **Sugestiones verbales y no verbales directas**: aquellas que van directamente a la persona que deseamos. Este tipo de sugestión es más agresivo por ser directo, y por esa causa muchas veces las personas las rechazan.
2. **Sugestiones verbales y no verbales indirectas**: mediante el uso de historias, no diciendo las cosas directamente, sino usando ejemplos de otros como para generar el efecto deseado. Este tipo de sugestiones es menos agresivo por no ser directo. Por ejemplo, la forma de decorar un ambiente, los colores usados en el ambiente, el espacio, las formas, etcétera.

El Dr. Lozanov definió el término "sugestión" como sigue: "Es un factor comunicativo constante, el cual puede crear condiciones para aprovechar las capacidades de las reservas funcionales sobre todo por medio de la actividad mental paraconsciente" (vgl. Lozanov 1995, S.201)"[23].

"La sugestología investiga la influencia que realmente nos afecta. Esa influencia tiene un efecto en la mente, el cuerpo y la personalidad. Ella forma un puente entre los elementos de comunicación subconsciente y consciente (vgl. Lozanov 1995, S.12)"[24].

"Baur cita también a Galisson, el cual piensa lo siguiente: 'No veo cómo la pedagogía (en general) pueda gestionar sin la sugestión, cuando ya está demostrado que es el fermento base de la interacción entre las personas' (Galisson 1983, S.104, zit nach Baur 1990, S.46)".[25]

"La sugestión es aplicada de manera consciente, no solamente en el ámbito de la pedagogía, sino también en diferentes áreas"[26].

"Es decisivo en la forma comunicacional del emisor expresar determinadas cosas, la elección de las palabras, la entonación y la correspondiente mímica y gestos"[27].

"Las condiciones claves para una adecuada y activa atención de acuerdo con Rogers son las siguientes:
- Actitud básica empática y abierta.
- Proceder auténtico y congruente.
- Aceptación positiva y sin condiciones de las consideraciones de otras personas"[28].

Como podemos notar, son muy importantes las sugestiones positivas en todo ámbito, pero sobre todo en el ámbito académico, que es de nuestro mayor interés al momento de transferir

---

23 Dostal, *Qualitätsverbesserung des Schulunterrichts*, p. 113.
24 Dostal, *Qualitätsverbesserung des Schulunterrichts*, p. 114.
25 Dostal, *Qualitätsverbesserung des Schulunterrichts*, p. 114.
26 Dostal, *Qualitätsverbesserung des Schulunterrichts*, p. 118.
27 Führungsakademie der Bundeswehr, *Lernunterlagen LGAI 2013*, p. 8.
28 Führungsakademie der Bundeswehr, *Lernunterlagen LGAI 2013*, 14.

información. Adicionalmente a esto, es importante que exista una relación entre lo que hacemos y lo que realmente queremos hacer, un motivo por el cual aprendemos una materia determinada.

Por esa razón, la "neuropsicología indica que no es posible aprender algo que no esté relacionado con el interés en nuestra propia vida, por eso cuando nos aburrimos, es porque no nos interesa el tema, por lo tanto no podremos aprender. Como consecuencia de esto, el 60% de los estudiantes en Alemania manifiesta que es difícil aprender, pero eso no tiene nada que ver en realidad con la dificultad en aprender algo, sino con el interés relacionado con nuestra vida. Por otro lado, la neurofisiología indica que el aprendizaje se da de manera sencilla, siempre que las cosas tengan un sentido o cuando sea relajado"[29].

Lo anterior es respaldado por el Dr. David Perkins (investigador del ámbito educativo), que en el Congreso de Innovación Educativa "Enseñar a pensar", llevado a cabo en Toledo, España, durante el año 2013, manifestaba que "uno de los errores típicos en muchos sistemas educativos es que enseñan cosas que no importan mucho en la vida que los alumnos probablemente van a vivir. Como ejemplo, compara la enseñanza de la raíz cuadrada en las aulas, cuando en la realidad no tiene un uso directo en la vida cotidiana de las personas, se debería enfatizar mucho más la comprensión y el aprendizaje de la probabilidad y las estadísticas que se utilizan continuamente en los periódicos, para entender las políticas de gobierno, o en las decisiones médicas"[30].

En el siguiente cuadro podrán observar claramente cómo todo lo explicado en la parte de los tipos o estilos de aprendizaje, así como en la parte de la importancia de la sugestión en

---

29 Vera F. Birkenbihl, "Genial lernen, Genial lehren" (seminario presentado en Alemania, 2004).
30 "Ejercicios clave para que sus hijos aprendan a pensar", *El Mundo, consultada* el 26 de marzo de 2014, http://www.elmundo.es/elmundo/2013/09/30/ciencia/1380568807.html

el proceso de aprendizaje, que es tomado en cuenta en todo momento en el modelo sugestopédico, abarca y considera lo presentado por Leonardo Da Vinci en uno de sus libros de notas, y por Howard Gardner en el libro *Inteligencias múltiples*.

Howard Gardner*	Leonardo Da Vinci**
Inteligencia lógico matemática	Curiosità – Curiosidad
Inteligencia lingüística	Dimostrazione – Demostración
Inteligencia espacial	Sensazione – Sentimiento
Inteligencia musical	Sfumato – Gradiente – Recurso pictórico
Inteligencia cinético corporal	Arte e Scienza – Arte y ciencia
Inteligencia interpersonal	Corporeità - Corporalidad
Inteligencia intrapersonal	Concessione – Concesión

* Howard Gardner, *Inteligencias múltiples*. Barcelona, *Paidós*, p. 5-9.
** Vera F. Birkenbihl, "Denk Strategien" (seminario presentado en Alemania, 2006).

Las sugestiones positivas son muy importantes y necesarias, por eso quiero presentar lo expresado por el Dr. Martin Seligman en uno de sus *best-seller, Learned Optimist* ("Optimismo aprendido"). Él fue presidente de la Asociación Estadounidense de Psicología y es actualmente director del Departamento de Psicología de la Universidad de Pensilvania en los Estados Unidos.

"Los hábitos de pensamiento no deben ser para siempre. Uno de los hallazgos más significativos de la psicología en los últimos veinte años es que los individuos pueden elegir su forma de pensar"[31].

El Dr. Martín Seligman identificó en su estudio que

> las personas generalizan una situación negativa que es en realidad particular, o que se da en ciertas circunstancias o momentos. Por ejemplo, un estudiante que no es bueno en un par de cursos, pero que dice ser malo para los estudios. Él habla de la *contingencia o control* que debemos tener, que es saber llevar las cosas entre nosotros y el mundo exterior. Pone como ejemplo a una rata que cae a una piscina y no puede salir. Si la rata actúa desesperadamente,

---

31 "Los 10 secretos de la alegría", *Revista del Método Silva*, p. 11.

podrá nadar 30 minutos y después muere, pero si lo hace de manera controlada, podrá nadar 6 horas, esa es la gran diferencia[32].

La organización de una clase sugestopédica tiene poco que ver con una clase convencional. En general, las aulas reflejan para muchos de nosotros un lugar de sufrimiento, sacrificio, aburrimiento y esfuerzo continuo. Al contrario, el ambiente en una clase sugestopédica es totalmente diferente. Se crea un lugar que invita a entrar y a aprender, y esto por unos objetos como afiches, imágenes, curiosidades... Los asientos se disponen muchas veces en forma de círculo, lo que permite a cada persona un contacto visual con todos los demás. Esto facilita una buena e intensiva comunicación y aumenta la concentración[33].

La psiquiatra y escritora suiza Elisabeth Kübler-Ross, pionera en el campo de las experiencias cercanas a la muerte, investigó mucho sobre la importancia de sentirnos bien y aceptar las situaciones por las que atravesamos, con la finalidad de no dañarnos mental y físicamente. Ella dijo que "Las personas son como vidrieras. Brillan y brillan cuando el sol está afuera, pero cuando la noche se instala, su verdadera belleza se revela sólo si hay una luz desde dentro"[34].

Alfred Binet desarrolló la escala de medición de la edad mental del niño", y después de realizar varias investigaciones: "Binet comprobó que no se podía evaluar la inteligencia midiendo atributos físicos, como el tamaño del cráneo, la fuerza con que se aprieta al cerrar el puño, etc. Rechazó, pues, el *método biométrico* por el que abogaba Sir Francis Galton, y propuso en cambio un método de ejecución en el cual la inteligencia se calculaba sobre la base de tareas que exigían comprensión, capacidad aritmética, dominio del vocabulario, etc. Binet introdujo además el concepto de *edad mental*,

---

32   Vera F. Birkenbihl, "Erfolgs Psychologie".
33   Claudia Dostal, correo electrónico recibido por el autor, 6 de diciembre de 2013.
34   "EKR Biography", Elisabeth Kübler-Ross FOUNDATION, consultada el 26 de marzo de 2014, http://www.ekrfoundation.org/bio/elisabeth-kubler-ross-biography/

o *capacidad promedio*, que se supone posee un individuo y en particular un niño en una edad determinada. Este concepto llevó más adelante al de *cociente de inteligencia*. Utilizó un criterio estadístico para medir la inteligencia y le llamó *Cociente de Inteligencia* (CI), que se calcula dividiendo la edad mental entre la edad cronológica y multiplicando por cien.)"[35].

Aquí podemos observar claramente cómo ya a comienzos de 1900, se mostraba la importancia de la influencia del ambiente en el proceso de aprendizaje. Por ello el ambiente en el que se realiza una clase sugestopédica juega un rol fundamental en el proceso de transferencia de información, vale decir, en el proceso de enseñanza y aprendizaje dentro de un sistema educativo.

Taller de "Superaprendizaje de idiomas", desarrollado en el Instituto Brainbox por la Dra. Claudia Dostal. Graz, Austria 2013.

---

35 "Binet Alfred", *Psico Activa,* consultada el 26 de marzo de 2014, http://www.psicoactiva.com/bio/bio_3.htm

11. Importancia de la desugestión en la sugestopedia

"Desugestión" significa disminución de las limitaciones, obstáculos, prejuicios, o sea, cosas negativas. Lozanov llama a las resistencias barreras "barreras antisugestivas", también las denomina "barreras de aprendizaje" y diferencia tres tipos, los cuales son:
1. Barrera crítica lógica: repele toda información que no tiene una fundamentación lógica.
2. Barrera intuitiva afectiva: repele toda información que no transmite seguridad y confianza.
3. Barrera ética: bloquea toda información que no va de acuerdo con las normas éticas y culturales.

"Lozanov asegura que las tres barreras están mutuamente entrelazadas y que es imposible separarlas unas de otras. Así como un terapeuta debe vencer esas barreras cuando quiere tratar exitosamente a sus pacientes por medio de la sugestión, también un profesor, docente o maestro debe eliminar dichas barreras (vgl. Lozanov 1995, S. 163ff)"[36].

"Sugestión y desugestión están interrelacionados y entrelazados, y Lozanov piensa que no hay ninguna sugestión sin una desugestión, o sea, sin la liberación del subconsciente de la inacción o inercia de viejos hábitos y costumbres (vgl. Lozanov UNESCO-Report S. 14, zit. n. Dhority 1986, S.32)"[37].

---
36 Dostal, *Qualitätsverbesserung des Schulunterrichts*, p. 118.
37 Dostal, *Qualitätsverbesserung des Schulunterrichts*, p. 119.

"De acuerdo con el análisis de mínimo doce mil encuestas sobre el comportamiento ante una situación determinada, se determinó que 2/3 de las personas encuestadas por el equipo de trabajo de la Dra. Ver F. Birkenbihl tienen pensamiento negativo o actitud negativa, y sólo 1/3 de las personas piensan positivamente"[38]. Esto es significativo porque debemos eliminar este tipo de barreras que nos bloquean de manera natural, y que tienen efectos muy poderosos en nuestro desarrollo personal. Eso tampoco quiere decir que no debemos descartar el pensamiento negativo, pero lo debemos hacer de forma consciente y controlada.

Muchas veces creemos que el dinero es el medio más importante para alcanzar la felicidad, pero en realidad no es así, lo más importante es la generación de sentimientos positivos, y eso sí depende directamente de nuestras acciones. "Los resultados del análisis de la Encuesta Mundial Gallup a más de ciento treinta y seis mil personas en 132 países plantearon las consabidas preguntas sobre la felicidad y el dinero; pues si bien los resultados revelan que la satisfacción de vida, por lo general, aumenta con los ingresos, los sentimientos positivos no necesariamente, informan los investigadores. Pero los sentimientos positivos, que también aumentan ligeramente a medida que aumenta la renta, están mucho más fuertemente asociados con otros factores, como el sentirse respetado, el tener autonomía y apoyo social y el trabajar en un empleo satisfactorio"[39].

---

38 Vera F. Birkenbihl, "Erfolgs Psychologie".
39 "Los 10 secretos de la alegría", *Revista del Método Silva*, p. 2.

12. Importancia del uso de la música en la sugestopedia

La música es una herramienta poderosa que se utiliza en la actualidad en diversos ámbitos: académico, laboral, de salud e inclusive de producción económica. Por ello, la sugestopedia utiliza la música en el proceso de transferencia de información para potenciar la capacidad de aprendizaje.

La importancia del uso de la música la he presentado en diversos puntos de la presente obra, quizá su mayor influencia se nota en el ámbito académico en el subcapítulo "Importancia del uso de las ondas del cerebro en la sugestopedia". Pero además quisiera explicar por qué se dice que con una clase sugestopédica uno no sólo asimila información, sino también recibe un regalo saludable por tener un efecto regenerativo. Esto no se entiende de manera sencilla, por eso deseo presentarles algunos ejemplos de los resultados concretos y objetivos del uso de la música en algunas de las áreas arriba mencionadas.

En el área académica:
"Una música especial, como por ejemplo música barroca (Bach, Vivaldi, Teleman) y música clásica (Mozart, Haydn, Beethoven), acompaña el proceso de aprendizaje en ciertas fases de la enseñanza. Además, la percepción periférica, la actitud del profesor, el empleo de diferentes tonos de voz, la relajación, la sorpresa, los elementos lúdicos, el movimiento, el humor, el lenguaje corporal y aún más, forman parte del proceso de aprendizaje acelerado, como todo esto disuelve blo-

queos o limitaciones y hace posible una memorización a largo plazo y destapa al mismo tiempo habilidades potenciales"[40].

En el área de la salud:
"El escuchar nuestra música preferida puede tener más efectos positivos que mejorar nuestro ánimo: podría ayudar a nuestro corazón. Investigadores de la Sociedad Europea de Cardiología encontraron que *oír canciones que nos gustan por treinta minutos al día mejora la capacidad de los corazones* que sufren enfermedades cardiovasculares. Para el estudio, los cardiólogos de Instituto de Cardiología de la Universidad de Niš, Serbia, utilizaron un grupo de 74 pacientes con enfermedades al corazón. Un primer grupo fue a clases de ejercicios cardiovasculares tres veces a la semana. El segundo también fue obligado a hacer esta actividad física, aunque con el añadido de escuchar su música favorita por treinta minutos al día. El tercer grupo solo debía escuchar las melodías, informó medicaldaily.com. Al final del experimento de tres semanas, las personas que realizaban ejercicio y escuchaban música mejoraron un 39%; los que solo hicieron ejercicio, un 29%; y los que solo escucharon música, un 19%"[41].

En el área económica:
Se sabe actualmente que en promedio se incrementa en 20% la producción de leche de las vacas si estas escuchan música clásica. O sea 5 litros más diarios de los 25 que producen en promedio. "Esta afirmación ha sido ratificada por la Universidad de Leicester de Inglaterra, que se ha comprobado

---

40   Claudia Dostal, correo electrónico recibido por el autor, 6 de diciembre de 2013.
41   "Escuchar música sería bueno para los corazones enfermos", *La Prensa*, consultada el 26 de marzo de 2014, http://laprensa.pe/tecnologia-ciencia/noticia-escuchar-musica-bueno-corazones-enfermos-12274?utm_source=laprensa&utm_medium=mailing&utm_campaign=newsletter

que, efectivamente, la producción láctea aumenta cuando las vacas escuchan música clásica.

El profesor Adrián North, que estuvo a cargo de la investigación junto con su colega Liam Mackenzie, afirma que la música calmada puede mejorar la entrega de leche, porque reduce el estrés.

Y las pruebas son irrefutables, porque los resultados arrojaron que una vaca que escucha Mozart produce cinco litros más de leche diariamente que una vaca que no escucha música. Además, al analizar la leche, se encontró que esta es más rica en proteínas y en propiedades alimenticias"[42].

En el área del desarrollo del cerebro:
"Las investigaciones que se han referido al efecto de la música sobre el cerebro infantil han coincidido en que esta provoca una activación de la corteza cerebral, específicamente las zonas frontal y occipital, implicadas en el procesamiento espacio-temporal.

Asimismo, al evaluar los efectos de la música mediante registros de electroencefalogramas, se ha encontrado que la música origina una actividad eléctrica cerebral tipo alfa. Todo lo anterior se traduce en lo siguiente: la música —sobre todo la música clásica, de Mozart— provoca:

- Aumento en la capacidad de memoria, atención y concentración de los niños.
- Mejora la habilidad para resolver problemas matemáticos y de razonamiento complejos.
- Es una manera de expresarse.
- Introduce a los niños a los sonidos y los significados de las palabras y fortalece el aprendizaje.

---

42 "Las vacas producen más leche escuchando música clásica", El Regalo Musical, consultada el 26 de marzo de 2014, http://blog.elregalomusical.com/2014/01/las-vacas-producen-mas-leche-escuchando.html

- Brinda la oportunidad para que los niños interactúen entre sí y con los adultos.
- Estimula la creatividad y la imaginación infantil.
- Al combinarse con el baile, estimula los sentidos, el equilibrio, y el desarrollo muscular.
- Provoca la evocación de recuerdos e imágenes, con lo cual se enriquece el intelecto.
- Estimula el desarrollo integral del niño, al actuar sobre todas las áreas del desarrollo" [43].

En otras áreas:
"A mediados del siglo XX, el francés Alfred Tomatis, médico otorrinolaringólogo, inició una propuesta de rehabilitación dirigida a personas con dificultades auditivas o de lenguaje. Su programa terapéutico consistía en la estimulación musical mediante la escucha de piezas de Mozart y otros compositores clásicos, con la que se obtuvieron cambios positivos en la rehabilitación del lenguaje y en el desarrollo del habla. A este efecto se lo ha denominado *Efecto Tomatis*. Asimismo, este eminente médico elaboró un nuevo modelo de crecimiento y desarrollo del oído humano y reconoció que el feto escucha sonidos dentro del útero materno, tales como los movimientos de la digestión, los ritmos cardíacos y la respiración de la madre. Observó también que el recién nacido se relaja cuando oye la voz de la madre.

En 1993, Rauscher y colaboradores de la Universidad de California publicaron los resultados obtenidos en una investigación realizada con grupos de estudiantes universitarios, a quienes se les expuso a escuchar durante diez minutos una sonata de Mozart. Se lograron puntuaciones altas en las pruebas de habilidades visuoespaciales y cognitivas en general, así

---

[43] "La música y el desarrollo cerebral infantil", *Psicología Online*, consultada el 26 de marzo de 2014, http://www.psicologia-online.com/infantil/musica.shtml

como un incremento transitorio del cociente intelectual. A este hallazgo se lo denominó *Efecto Mozart*.

Estudios posteriores han demostrado que escuchar música de Mozart desencadena cambios de conducta "en relación con estados de alerta y calma, afectividad (induce estados emotivos) y metabólicos (aumento del contenido de calcio y dopamina en el cerebro)"[44].

---

44 "La música y el desarrollo cerebral infantil".

13. Sistema educativo de enseñanza actual

"En la última evaluación del Program for International Student Assessment (PISA, Programa para la Evaluación Internacional de Estudiantes), realizada el año 2012 a más de quinientos diez mil estudiantes de 15 años de edad, el Perú quedó en el puesto 65 de los 65 países miembros de la Organización para la Cooperación y el Desarrollo Económico (OCDE)"[45]. Con ello se demostró que es imprescindible realizar los cambios necesarios en la estructura de nuestro actual sistema educativo en los diferentes niveles.

La nota promedio que considera la OCDE es de 494, 501 y 496 en las áreas de matemáticas, ciencia y comprensión lectora respectivamente; en los siete primeros puestos se ubican países asiáticos como China, Singapur, Corea del Sur y Japón con puntajes superiores a 530 en todas las áreas. Lamentablemente *el Perú obtuvo un puntaje de 368, 373 y 384 respectivamente*, se nota una clara diferencia con los resultados obtenidos por los países asiáticos.

Por otro lado, los resultados de la última evaluación censal de educación en el Perú demuestran claramente cuál es la realidad de nuestro sistema educativo actual, lo que significa estar invirtiendo en un sistema que no genera resultados positivos.

---

45 "Asian countries top OECD's latest PISA survey on state of global education", OECD, consultada el 26 marzo, 2014, http://www.oecd.org/newsroom/asian-countries-top-oecd-s-latest-pisa-survey-on-state-of-global-education.htm

"A nivel nacional el 33% de los estudiantes alcanzó el nivel satisfactorio de aprendizaje en comprensión lectora, mientras que apenas 16,8% lo hizo en matemática"[46]. Con ello no pretendo decir que no se deba invertir en el sector educación, lo que quiero decir es que se deben realizar los ajustes necesarios y aplicar metodologías de enseñanza distintas con la finalidad de cambiar esta triste realidad.

En el caso de los países europeos de interés, por la bibliografía utilizada, considero tanto a Austria como Alemania. Actualmente Alemania ocupa el puesto 16 con un promedio de 515 puntos, y Austria el puesto 18 con un promedio de 500 puntos, está muy por delante de los peores resultados y muy cerca de los mejores resultados.

Como hemos podido observar anteriormente, el sistema educativo que existe en muchos países del mundo, en el cual se encuentran también los países latinoamericanos, es el que fomenta las cualidades o las características de las personas que tienen el tipo o estilo de aprendizaje visual, alejándose de los requerimientos de los otros dos tipos o estilos de aprendizaje. Esto se ve reflejado en el resultado académico obtenido, lo que nos lleva a un segundo problema, ya que las mayores oportunidades laborales las tiene aquella persona que destacó en nuestro sistema educativo tradicional, que puede denominarse "sistema educativo visual", que no tiene ninguna relación con el nivel de inteligencia.

"Para Lozanov es claro que todos nosotros somos víctimas del tradicional sistema educativo. Para los niños que todavía no han tenido influencias negativas, ocurre el aprendizaje exitoso de manera muy espontánea, ya que ellos no han interiorizado aún las normas sugeridas de la sociedad (vgl.ebd. S.14)"[47].

---

46 "Moquegua y Tacna lideran aprendizaje según evaluación censal de educación", *Diario La República,* consultada el 26 de marzo de 2014, http://www.adonde.com/noticias-peru/web-noticia-la-republica-423026

47 Dostal, *Qualitätsverbesserung des Schulunterrichts,* p. 114.

Si a esa situación se le suma la *lectura como un proceso interactivo*, que no es tomada en cuenta como tal, se agravan los resultados obtenidos en el proceso de aprendizaje. Frank Smith (1980), uno de los primeros en apoyar esta teoría, destaca el carácter interactivo del proceso de la lectura al afirmar que en ella "interactúa la información no visual que posee el lector con la información visual que provee él". Es precisamente en ese proceso de interacción que el lector construye el sentido del texto.

"De manera similar, Heimilich y Pittelman (1991) afirman que la comprensión lectora ha dejado de ser 'un simple desciframiento del sentido de una página impresa'. Es un proceso activo en el cual los estudiantes integran sus conocimientos previos con la información del texto para construir nuevos conocimientos"[48].

Frank Smith habla del aprendizaje accidental en su libro *Insult to Intelligence* ("Insulto a la inteligencia"), es como cuando una persona llega a una nueva ciudad, no es necesario que ella piense de manera consciente y se proponga aprender cómo llegar a la estación de tren, o cómo llegar a la tienda más cercana, a la vivienda en la que reside. A ese proceso de aprendizaje inconsciente lo denomina "aprendizaje accidental". "Se dice que el 80% del aprendizaje proviene de nuestras vivencias y ocurre de manera inconsciente, y el otro 20% ocurre de manera consciente"[49].

En la realidad, esto quiere decir que hay mucha información que almacenamos de manera inconsciente en nuestra memoria, y por eso considero conveniente extraer un pequeño párrafo que dice: "Nosotros sabemos que la unidad de medida de la información es bits. Los cálculos más nuevos asumen

---

[48] "Comprensión Lectora", *Psicopedagogía,* consultada el 26 de marzo de 2014, http://www.psicopedagogia.com/articulos/?articulo=394

[49] Vera F. Birkenbihl, "Genial lernen, Genial lehren".

que por cada 15 bits de percepciones conscientes asimiladas, se asimilan 11 millones de bits, pero de manera inconsciente"[50].

Por eso, el modelo de transferencia de información utilizado en el sistema educativo actual está desenfocado con la real naturaleza del aprendizaje, y esto ha traído graves consecuencias no solo en los resultados académicos de los estudiantes, sino también en el desarrollo natural de estos y en el estado físico de los docentes que se encuentran en permanente tensión, ya que es natural que los alumnos rechacen de manera inconsciente la información que se les transmite al no tomar en cuenta sus necesidades reales o al no usar el canal correspondiente donde se encuentra su mayor potencial. "Como consecuencia de lo anterior, el "92% de los docentes alemanes se jubila, retira o pensiona 2 o 5 años antes, incluso en algunos casos hasta diez años antes, esto por registrarse permanentemente enfermos o por el estrés. Pero contrariamente, cuando eso pasa con los estudiantes, se los obliga a ir al colegio y a estudiar"[51].

Otro de los aspectos fundamentales en este punto es que muchas veces se hacen las cosas por hacer, se estudia una materia sin tener el motivo o la razón de la importancia de esa materia, y sobre todo cuál es el uso que le podremos dar. Una vez le pregunté a un docente de la universidad: "¿Dónde se puede aplicar ese tema, o para qué lo estudiamos?", y la respuesta fue sencilla: "No tiene una aplicación directa, pero sirve para desarrollar nuestra capacidad cerebral". La verdad es que si existiese una relación directa entre las materias que estudiamos y la aplicación práctica de estas, las cosas y los resultados serían totalmente distintos. Deseo resaltar lo mencionado por Fred Grazton.

> Él mismo se describía como perezoso y antiautoritario, con poca capacidad de atención, con una memoria pequeña, y como no

---

50   Vera F. Birkenbihl, "Denk Strategien". Scheele, *PhotoReding, p.* 6.
51   Vera F. Birkenbihl, "Genial lernen, Genial lehren".

intelectual. Cuenta que nunca se mantuvo en un puesto laboral por más de dos meses consecutivos, y de acuerdo con la historia del gobierno de los Estados Unidos de Norte América, es una de las cinco personas más despedidas de los trabajos de servicio civil. A pesar de todo ello, Fred fundó la compañía The Great Midwestern Ice Cream en 1979, sin dinero, sin ninguna experiencia en negocios y sin conocer cómo hacer un helado. Pero ya en 1984 fue reconocido como 'El mejor helado de América' por la revista *People Magazine*".[52]

Fred Grazton describe su propia experiencia en su publicación *The Lazy Way to Success* ("El camino perezoso al éxito"), en la que menciona que si realmente queremos ser exitosos, debemos dejar de trabajar de manera forzada. Eso significa que debemos hacer las cosas con gusto, hacer las cosas que queremos hacer.

Aunque no parezca cierto, "en Alemania el 90% de los estudiantes tiene problemas de aprendizaje de idiomas en los colegios"[53]. Ya nos podemos imaginar cuál puede ser la realidad de la enseñanza de los idiomas en nuestro sistema educativo.

El problema del sistema educativo actual en la mayoría de países en el mundo también ha afectado a los países occidentales, ya que "en los últimos 20 años la educación en los países occidentales ha ido decreciendo sistemáticamente"[54].

Sumados a estos elementos, debemos tomar en cuenta que

en 1904 Alfred Binet y María Montessori explicaron que hay una diferencia en los estudiantes del colegio de hasta 7 años, eso quiere decir que unos pueden tener conocimientos más avanzados de hasta 3,5 años más y otros 3,5 años menos, por ello no se entiende por qué deben aprender los estudiantes lo mismo en el mismo momento y en el mismo tiempo[55].

---

52   "The Most Unemployable Man on the Earth", *Fred Gratzon*, consultada el 26 de marzo de 2014, http://gratzon.com/fred/biography.htm
53   Vera F. Birkenbihl, "Genial lernen, Genial lehren".
54   Vera F. Birkenbihl, "Gehirngerechtes Rechentraining" (seminario presentado en Alemania, 2006).
55   Vera F. Birkenbihl, "Gehirngerechtes Rechentraining".

Claro está que la información presentada por ambos data del inicio de 1900, momento en que la sociedad europea tenía diferencias sustantivas entre sus diversas clases sociales. Pero lo que debemos rescatar al respecto es la visión que tenía Alfred Binet para mejorar la calidad del sistema educativo, para ello presentó la Escala Binet-Simon con la finalidad de determinar la escala mental del niño y poder de esa manera ubicarlo adecuadamente en el nivel correspondiente dentro del proceso de formación.

Otro de los problemas que se tiene en el sistema educativo actual está relacionado con la asimilación real de la información, para ello se debe poner en práctica lo denominado en la sugestopedia como "La automatización", que quiere decir la repetición de la información de interés para poder tenerla en el nivel consciente y de forma activa, y poder disponer de ella en cualquier momento.

Se dice que "los expertos repiten periódicamente la información que conocen, y para poder jalar la información del inconsciente al nivel consciente – activo, debemos repetir las cosas en promedio once veces para que la información permanezca en ese nivel, pero en el colegio repetimos las cosas en promedio sólo cuatro veces, por ello la información no fluye en el nivel activo o consciente".[56]

Sobre este punto ha investigado la psicóloga estadounidense Ellen Langer, quien presenta en su libro *El poder del aprendizaje consciente* lo siguiente: "Ellen Langer aplica su teoría innovadora de la plena conciencia para mostrar cómo se puede reforzar la manera en que aprendemos. En los negocios, los deportes, los laboratorios o en casa, nuestro estilo de aprender está frenado por ciertos conceptos erróneos y anticuados. Esta obra nos brinda una concepción refrescante y nueva del aprendizaje y muestra que nociones tan familiares

---

56   Vera F. Birkenbihl, "Von nix kommt nix" (seminario presentado en Alemania, 2006).

como 'gratificación diferida', 'conocimientos básicos' o 'respuestas correctas' son todas ellas mitos que nos inhiben y que la autora refuta uno por uno. En su lugar propone el concepto de 'aprendizaje consciente' y muestra su gran eficacia en fascinantes ejemplos de su investigación. Aprendemos conscientemente cuando tenemos presente el contexto y la naturaleza siempre cambiante de la información. No tenerlos en mente limita seriamente el uso de lo aprendido y puede llevarnos a cometer errores"[57].

Lamentablemente una de las barreras reales que existe en una sociedad son los paradigmas que impiden generar cambios importantes en un sistema ya establecido y al cual están acostumbrados los miembros de este. "La Dra. Birkenbihl enseñó una vez a 1800 docentes alemanes, los cuales usaban las técnicas aprendidas, pero el problema radica en que se deben enfrentar a todo un sistema en el que no comprenden la importancia del cambio de dirección de los métodos de enseñanza"[58].

Por último, quisiera presentar algo muy interesante que quizá pueda ayudar a cambiar nuestra forma de pensar con respecto a los resultados que esperamos en el futuro de nuestros hijos y de nuestras futuras generaciones. Para ello he extraído los aspectos más importantes expuestos por Logan LaPlante, un niño de sólo 13 años de edad durante una conferencia en la Universidad de Nevada de los Estados Unidos. Él menciona que

> los padres les preguntan a los niños qué es lo que quieren ser en la vida, y los adultos esperan que el niño responda: 'quiero ser astronauta o un neurocirujano'. Los adultos y su imaginación. Los niños son más propensos a responder que quieren ser surfistas profesionales o *skaters*. Le pregunté a mi hermano lo mismo, y

---

[57] "El poder del aprendizaje consciente", Google, consultada el 26 de marzo de 2014, http://books.google.de/books/about/El_Poder_Del_Aprendizaje_Consciente.html?id=U-f-OwAACAAJ&redir_esc=y

[58] Vera F. Birkenbihl, "Von nix kommt nix".

me respondió: 'no lo sé, sólo tengo 10 años. No tengo ni idea'. Los niños les contestaremos con algo que estamos emocionados, con algo que creemos que es divertido o con algo que hayamos experimentado, y eso es justamente lo contrario de lo que los adultos quieren oír. Pero si le preguntamos a los niños, a veces dan la mejor respuesta, algo tan simple, tan obvio y realmente profundo como: 'cuando sea grande quiero ser feliz'. Yo cuando sea grande quiero continuar siendo feliz como lo soy ahora.

Los neurólogos dicen que el cerebro adolescente es bastante raro, nuestra corteza prefrontal está poco desarrollada, pero tenemos más neuronas que los adultos, por eso podemos ser tan creativos, e impulsivos, estar de mal humor y deprimidos. Pero lo que me entristece es saber que muchos niños de hoy están solo deseando ser felices, estar sanos, estar seguros, no ser molestados y ser amados por cómo son. Así que me parece que cuando los adultos dicen "¿Qué quieres ser cuando seas grande?", ellos simplemente asumen que automáticamente serás feliz y saludable, pero tal vez ese no es el caso. Ve a la escuela, a la universidad, consigue un trabajo, cásate, pum..., después serás feliz, ¿cierto? Aparentemente todos creemos que aprender a ser feliz y saludable es una prioridad en nuestras escuelas, está separado de las escuelas, y para algunos chicos no existe en absoluto. ¿Y qué pasaría si basáramos la educación en el estudio y la práctica de ser feliz y saludable?, porque eso es lo que es, una práctica, y una práctica sencilla. La educación es importante, pero ¿por qué ser feliz y saludable no se considera educación?, eso no lo entiendo.

El Dr. Roger Walsh es un científico que estudia cómo ser feliz y saludable, la mejor respuesta que recibí de él fue que la gran parte de la educación está orientada para mejor o peor, para hacer una carrera en vez de hacer una vida"[59].

---

59 "Esto es lo que pasa cuando un niño de 13 años abandona la escuela", *UPSOCL,* consultada el 26 de marzo de 2014, http://www.upsocl.com/comunidad/esto-es-lo-que-pasa-cuando-un-nino-de-13-anos-abandona-la-escuela/

14. Resultados del uso del método sugestopédico

A continuación mostraré una tabla y el registro de los resultados de investigación en la que se observa claramente la ventaja de la utilización del Método de la Sugestopedia en diferentes niveles y áreas de educación[60]:

¿Cuándo?	¿Quién?	¿Qué?	Resultado
El período de tiempo de la investigación no se dio a conocer. Debe haber sido entre 1980 y 1982.	Baur, Rupprecht S. Universidad de Bochum	Clases de idiomas extranjeros: ruso con estudiantes que habían estudiado un semestre (8 horas académicas por semana): investigación de la variable "relajación" y "música" en clases sugestopédicas.	Mejora significante del rendimiento por medio de la utilización de relajación y de música.
Fuente*: Bauer, R.S.: Untersuchungen zum suggestopädischen Fremsprachenunterricht. In: Bochow, P./Wagner, Hardy (Hrsg.): Suggestopädie (Superlearning). Grundlagen und Anwendungsberichte. Speyer 1988, S. 41 – 54.			

---

60 Tabelle Nr. 9: Tabellarische Erfassung von Forschungsergebnissen zur Suggestopädie (C.D.). Dostal, *Qualitätsverbesserung des Schulunterrichts*, p. 146-153.

¿Cuándo?	¿Quién?	¿Qué?	Resultado
1983/84	Wagner, Hartmut Gymnasium del Instituto de Ingles Heidelberg	Experimento escolar con elementos sugestopédicos: francés, inicio de clases (3. Idioma Extranjero) con 5 horas académicas por semana. Obra didáctica: Estudios de francés Bd.1, Curso Intensivo (adaptado)	Mejora de las notas (en 1 o 2 notas). Mejora de la pronunciación y capacidad de lectura. Incremento de la velocidad de aprendizaje. Mejora del clima de aprendizaje: concentración, capacidad de asimilación, motivación, pensamiento por sí mismos más activos.

Fuente: WAGNER, Hartmut: *Auswertungsbereich über den Schulversuch "Ganzheitliches Lernen" unter der Verwendung der Suggestopädie am Gymnasium des Englischen Intituts/Heidelberg.* 1983/84. In: Bochow, P./Wagner, Hardy (Hrsg.): *Suggestopädie (Superlearning). Grundlagen und Anwendungsberichte.* Speyer 1988, S. 95 – 106.

¿Cuándo?	¿Quién?	¿Qué?	Resultado
1984 – 1996	Stockwell, Tony Liechtenstein	Proyecto de enseñanza en Liechtenstein.	Comienzo con un test del curso de Inglés, el que trajo resultados positivos, por lo que nació el proyecto de enseñanza a largo plazo.

Fuente: STOCKWELL, Tony: *Von der Schule über das Corporate Training zurück zur Schule. In: DGSL. Conrady, I./Haun-Just, M./von der Meden-Saiger, B. (Hrsg.): Lernen ohne Grenzen. Suggestopädie – Stand und Perspektiven. Bremen/Lichtenau* 1993, S. 72 – 78.

La sugestopedia

¿Cuándo?	¿Quién?	¿Qué?	Resultado
1985	Dröber, Erich Escuela Técnica Superior Emden	Estudio piloto para determinar si el método es adecuado como enfoque independiente, para ser instituido en las clases de idiomas. Idioma extranjero: Francés, clases para principiantes, 40 horas académicas. Grupo control.	Sensación subjetiva: las clases son más interesantes y menos fatigantes que las clases convencionales. Más alegría en el aprendizaje, motivación, cooperación, presencia en comparación con el grupo de control. Cantidad de material: tres veces más que el grupo de control.

Fuente: DRÖBER, Erich: *"Superlearning" an der Hochschule – eine Politstudie*. In: Bochow, P./Wagner, Hardy (Hrsg.): *Suggestopädie (Superlearning). Grundlagen und Anwendungsberichte*. Speyer 1988, S. 75 – 88.

¿Cuándo?	¿Quién?	¿Qué?	Resultado
1986/87	Bröhm Offermann, Birgit Escuela Privada de Comercio, Munich	Experimento Escolar 8. Clase (nivel secundario I): acompañamiento de la realización de tareas y del aprendizaje, facilitación de técnicas de aprendizaje.	Mejora de la capacidad de concentración, reducción de la inquietud interior, notable incremento del rendimiento, enfoque positivo del aprendizaje.

Fuente: BRÖHM-OFFERMANN, Birgit: *Suggestopädie. Sanftes Lernen in der Schule*. Lichtenau/Göttingen: 1994.

¿Cuándo?	¿Quién?	¿Qué?	Resultado
El período de tiempo no está definido exactamente: debe ser antes de 1988.	Edelmann, Walter. Universidad Técnica de Braunschweig, Psicología	Cinco seminarios (tres o cuatro presentaciones diarias) sobre sugestopedia con el método de enfoque sugestopédico en la Universidad Técnica de Braunschweig.	Aceptación muy alta del programa sugestopédico (95%), contrario a la expectativa. "El método debe ofrecerse en los colegios y en las universidades de manera permanente", el 77% está de acuerdo. Más motivación, menos estrés, ninguna confirmación de la sensacional retención del rendimiento de Lozanov.

Fuente: EDELMANN, Walter: *Suggestopädie/Superlearning. Ganzheitliches Lernen – das Lernen der Zukunf?* Heidelberg 2000.

¿Cuándo?	¿Quién?	¿Qué?	Resultado
1987	Pürschel/Matoni Universidad Duisburg	Estudiantes de Inglés con casetes de aprendizaje personal en laboratorio de idiomas.	Incremento muy significativo, dos tercios de los participantes experimentaron el curso como positivo y valoraron las fases de relajación y de música como positivos.

Fuente: PÜRSCHEL, H,/MATONI, H.: Suggestopädisch orientierter Frendsprachenunterricht für Fortgeschrittene. In: Neues Lernen Journal 2/1987, S. 20 - 35.

¿Cuándo?	¿Quién?	¿Qué?	Resultado
1987/88	Holtwisch, Herbert Gymnasium Borghorst, Münster	Clases de Inglés, 7. Clase (nivel secundaria 1), clase de control.	Mejora de la competencia lingüística, cambio positivo del estado mental de aprendizaje, cambio positivo de la materia de Inglés, mejora del clima de la clase, estabilización de la personalidad (miedo, concepto personal).

Fuente: HOLTWISCH, Herbert: Frendsprachen alternativ! Untersuchungen zur Wirksamkeit der suggestopädischen Methode im schulischen Englischunterricht. Diss. Bochum 1990.

¿Cuándo?	¿Quién?	¿Qué?	Resultado
1989	Schiffler, Ludger Freie Universität Berlín	Diseño de investigación cuidadoso para todos los estudios de las cuatro investigaciones diferentes en clases de idiomas extranjeros con estudiantes de grupo de control.	
		Validez de la música con dos investigaciones.	Música clásica y música barroca tienen influencia en el incremento del rendimiento y un efecto motivacional y de mucha aceptación con grandes cantidades de material.
		Efectos en comportamiento del profesorado.	Las clases sugestopédicas con profesores constantes es más efectivo que con cambio de profesores.
		Efecto de ejercicios de relajación y ritmo respiratorio.	Incremento del rendimiento por medio de ejercicios adicionales de relajación y ritmo respiratorio con música barroca no pudo demostrarse.

Fuente: SCHIFFLER, Ludger: *Suggestopädie und Superlerning – empirisch geprüft. Einführung und weiterentwicklung für Schule und Erwachsenenbildung.* Frankfurt/M. 1989.

¿Cuándo?	¿Quién?	¿Qué?	Resultado
1987 – 1993	Sensenschmidt, Bernd	Adaptación del ciclo sugestopédico a las condiciones básicas de descripción escolar de la secuencia de las clases con sugestopedia, por ejemplo: cálculo diferencial, idiomas, ninguna evaluación de acuerdo con criterios científicos	(Selección) Recepción positiva del llamado "Empaque" de la Teoría Diferencial con un gran recuerdo. Evaluación positiva de las fases de entrenamiento mental y de los conciertos de aprendizaje.

Fuente: SENSENSCHMIDT, Bernd: *Bio-logisch lernen. Beispiele für suggestopädisch gestalteten Untericcht in Schule (Sekundarbereich II) und abschlußbezogener weiterbildung.* Lichtenau/Göttingen 1993.

¿Cuándo?	¿Quién?	¿Qué?	Resultado
1988	Krag, Werner Universidad Osnabrück	Idioma extranjero japonés. Volkshochschule. Grupo de control.	Incremento significante del rendimiento Drop-out-Rate con pocos componentes de juego que después de un período de rechazo es percibido como positivo y exigible en el aprendizaje. La atmósfera de aprendizaje fue percibida como agradable y emocional.

Fuente: KRAG, Werner: *Zur Wirkung der Suggestopädischen Lehrmethode: allgemeine theoretische Begründung und empirische Überprufung.* Diss. Univ. Osnabrück 1988. Frankfurt/M 1989.

¿Cuándo?	¿Quién?	¿Qué?	Resultado
1989	Schuster-Spiegelberg Wilhelm PH Ludwigsburg	Clases de matemáticas, gymnasium.	Efectos positivos en la personalidad de los estudiantes: seguridad personal, independencia, amor propio, interacción social, angustia escolar, bienestar corporal y emocional.

Fuente: SCHUSTER-SPIELBERG, Wilhelm: *Versuche der Evaluation kognitiver und affectiver Aspekte suggestopädischer Unterrichtsmodelle in der Schule.* Diss. PH Ludwigsburg 1989.

¿Cuándo?	¿Quién?	¿Qué?	Resultado
1991	Sauter, Friedrich-Christian Universidad Würzburg Psicología	Conferencia "Desarrollo psicológico de los jóvenes y niños" con transmisión de elementos sugestopédicos. Grupo de control.	Mayor interés en el aprendizaje y fue percibido como agradable, menor tendencia de agresión, un poco mayor el incremento de conocimiento en comparación con el grupo de control, evaluación positiva de las clases sugestopédicas.

Fuente: SAUTER, Friedrich-Christian: *Suggestopädische Elemente im Hochschulunterricht und dessen Auswirkung auf die psychische Befindlichkeit.* In: DGSL. Conrady, I./Haun-Just, M./von der Meden-Saiger, B. (Hrsg.): *Lernen ohne Grenzen. Suggestopädie – Stand und Perspektiven.* Bremen/Lichtenau 1993, S. 246-253.

¿Cuándo?	¿Quién?	¿Qué?	Resultado
1992	Riedel, Katja Universidad Tübingen	Capacitación del profesorado. Extensión: dos fines de semana de descripción de capacitación del profesorado sobre el tema sugestopedia.	Alta aceptación del método, gran motivación de algunas capacidades como profesor.
		Dos seminarios compactos, área de especialización ciencia de la educación, Universidad de Tübingen, descripción con temática sugestopédica de los temas "Introducción en la psicología profunda: Freud, Adler, Jung".	

Fuente: RIEDEL, Katja: *Personlichkeitsentfaltung durch Suggestopädie. Suggestopädie im Kontext von Erziehungswissenschaft, Gehirnforschung und Praxis.* Baltmannsweiler 2002.

¿Cuándo?	¿Quién?	¿Qué?	Resultado
1993	Mandl, Heinz con Beitinger, Gabriele y Renkl, Alexander Universidad de Munich	Curso básico de Inglés, medidas de especialización de Siemens AG. Grupo de control.	Mejora de la capacidad comunicacional, mejora del entendimiento auditivo, mejora del clima social.

Fuente: BEITINGER, G./MANDL, H/RENKL, A: Suggestopädischer Unterricht – Eine empirische Untersuchung zu kognitiven, motivational-emotionalen und sozialen Auswirkungen. Ludwig-Maximilians-Universität. Institut für Pädagogische Psychologie und Empirische Pädagogik, Forschungsbericht Nr. 17, Mai 1993.

¿Cuándo?	¿Quién?	¿Qué?	Resultado
1994	Kluge, Annette Gesamthochschule Kassel	Sugestopedia en la economía: aprendizaje en la industria (Audi)	La sugestopedia ha tenido también positiva influencia en el área comercial-técnica, en la reducción de las barreras de aprendizaje, e incrementa la recepción de información y la retención del cambio positivo de la imagen personal del discente.

Fuente: KLUGE, Annette: *Suggestopädisches Lernen im Betrieb. Mit erfolgreichen Ausbildern zu kompetenten Auszubildenden.* Diss. Aachen 1994.

¿Cuándo?	¿Quién?	¿Qué?	Resultado
1995	Quast, Ulrike Universidad de Leipzig	Efectos de la música en relación con el objetivo cognitivo.	Los hallazgos justifican la aplicación de la música barroca en el concierto de aprendizaje por medio de la liberación de emoción y motivación, que genera motivación en el estudiante para el uso y la continuación de estudio personal de idioma extranjero.

Fuente: QUAST, Ulrike: *Zum Effekt verschiedener Musikgenres aus suggestopädisches Lernen.* Diss. Leipzig 1995.

La sugestopedia

¿Cuándo?	¿Quién?	¿Qué?	Resultado
1995	Töscher, Susanne Universidad de Graz	Diseño de clases sugestopédicas en la especialidad de filosofía de la lógica formal.	La sugestopedia es aplicable también fuera de las clases de idiomas extranjeros y puede significar un enriquecimiento de las posibilidades escolares.

Fuente: TÖSCHER, Susanne: Didaktik der elementaren Logik als Lehreinheit an der AHS in Rahmen des philosophischen Einführungsunterrichts auf Basis des Superlearnings. Diplomarbeit. Graz 1995.

¿Cuándo?	¿Quién?	¿Qué?	Resultado
1996/97	Ulbrich, Brigitte Universidad de Graz	Sugestopedia y adquisición de idiomas extranjeros, horas sugestopédicas de Inglés en el Gymnasium.	Alta participación, sobre todo por parte de estudiantes menos destacados. Alta aceptación del segundo concierto de aprendizaje. La utilización de música y relajación fue percibida como inusual, pero solo se enseñaron dos horas académicas con ese método.

Fuente: ULBRICH, Brigitte: Suggestopädie und Fremdsprachenerwerb. Eine Untersuchung ganzheitlicher Lehr-und Lernmethoden im Licht der modernen Gehirnforschung. Diplomarbeit. Graz 1997.

¿Cuándo?	¿Quién?	¿Qué?	Resultado
2000	Espernberger, Doris Universidad de Graz	Influencia de la música sobre el rendimiento ortográfico de los niños del "Volksschule".	Mejor rendimiento cuando se tocó música barroca antes del test. Los niños aprovechan más que las niñas.

Fuente: ESPERNBERGER, Doris, Lernen und Gehirn. Suggestopädie und reformpädagogische Ansätze verbunden mit moderner Gehirnforschung – Eine kleine empirische Erhebung: Der Einfluss von Musik auf die Rechtschreibleistung. Diplomarbeit. Graz 2000.

¿Cuándo?	¿Quién?	¿Qué?	Resultado
2001	Riedel, Katja Universidad de Tübingen	Comparación de la sugestopedia en Este y Oeste.	Pedido, aplicar más la sugestopedia en el futuro en los colegios y en los institutos. La sugestopedia es capaz de compensar el déficit social de los jóvenes y afecta positivamente a la decaída de los docentes.

Fuente: RIEDEL, Katja: *Suggestopädie in Ost und West. Wurzeln – Menschenbild – Akzeptanz. Diss.* Baltmannsweiler 2001.

La sugestopedia

¿Cuándo?	¿Quién?	¿Qué?	Resultado
2002	Schiffler, Ludger Universidad Libre de Berlín	Diversas investigaciones para la adquisición de vocabulario con estudiantes de tres grupos con distintos diseños de investigación.	Hacer activo y repetición en la forma de un segundo concierto de aprendizaje genera mejores resultados en comparación con otros diseños.
		Estudiantes del Gymnasiun, 10. Nivel escolar, vocabulario, procedimiento de control en cinco clases con otros métodos varias semanas después.	Los procedimientos experimentales de varias dimensiones (introducción bilingüe, aprendizaje del cuerpo, ayuda del trabajo en pareja, repetición en la forma del segundo concierto de aprendizaje) demuestra mejoras significantes en comparación con los procedimientos de control de una dimensión (introducción monolingüe, aprendizaje de vocabulario, aprendizaje individual).
		Estudiantes del Gymnasium, nivel 13 del colegio, Gymnasium de Berlín, lectura de literatura: utilización de los conciertos de aprendizaje, trabajo en silencio, traducción escrita, ayuda de trabajo en pareja, interpretación y discusión.	Desarrollo de cinco páginas de textos literarios ("Fanfan", Alexandre Jardin) en una hora con lectura, entendimiento y discusión, inclusive con aprendizaje de vocabulario.

Fuente: SCHIFFLER, Ludger: *Frendsprachen effektiver lehren und lernen. Beide Gehirnhälften aktivieren.* Donauwörth 2002.

¿Cuándo?	¿Quién?	¿Qué?	Resultado
2004	Kletzmayr, Monika Universidad de Graz	Clases de manejo con sugestopedia.	Éxito con sugestopedia y verificación del tipo de aprendizaje, cuando todo el equipo está detrás hay alta satisfacción de los clientes.

Fuente: KLETZMAYR, Monika: *Suggestopädischer Unterricht und seine Anwendung in Fahrschulen.* Diplomarbeit Wirtschaftpädagogik. Graz 2004.

¿Cuándo?	¿Quién?	¿Qué?	Resultado
2005	Plaß, Alex. Universidad de Osnabrück	Clases con sugestopedia en la "Berufsschule". Peluquero. Grupo de control.	Alto sentimiento de bienestar, más recepción de información, mejor rendimiento de aprendizaje. Las clases sugestopédicas fueron calificadas por los estudiantes como interesantes, bien organizadas y relacionadas con la especialidad.

Fuente: PLASS, Alex: Moglichkeiten, Grenzen und Bedeutung der Suggestopädie in der schulischen Berufsausbildung am Beispiel des Friseurhandwerks. Hausarbeit in Rahmen der Ersten Staatsprüfung für das Lehramt an Berufsbildenden Schulen im Lande Niedersachsen. Univ. Osnabrück. Osnabrück 2005.

* Las referencias bibliográficas de este apartado han sido extraídas de una publicación. Por ese motivo no es claro en todos los casos si el texto fuente es un libro, un artículo de revista o un trabajo de investigación.

"La enseñanza sugestopédica afecta positivamente:
1. **La personalidad**: confianza en uno mismo, independencia, valor propio, tranquilidad interior, rechazo de la agresión, etcétera.
2. **La independencia del estudiante**: clima de aprendizaje, clima de la clase, satisfacción del estudiante.
3. **La motivación**: alegría del aprendizaje.
4. **El interés**: costumbre positiva del aprendizaje.
5. **La capacidad de asimilación**: concentración, cooperación, pensamiento personal, menos cansancio.

La sugestopedia

6. **El incremento del rendimiento:** mejores notas, incremento de la cantidad de aprendizaje, mayor velocidad, etcétera"[61].

"Los resultados de las investigaciones nacionales e internacionales hasta 1988 los presenta Krag de la siguiente forma y los resume: queda como conclusión de las investigaciones empíricas que los trabajos de investigación presentados a continuación, vistos en su conjunto, apoyan la hipótesis del incremento de la eficiencia así como de la economía de las clases sugestopédicas de idiomas, en el mismo tiempo se puede aprender una mayor cantidad de material, o la misma cantidad de material, pero en un menor tiempo. Esto es válido sobre todo para la habilidad de la capacidad de comunicación oral, la cual es mejor y significativa estadísticamente en varias investigaciones: Lozanov 1978, Bulgaria; Kohls 1980, DDR. (Ex Alemania Oriental); Gassner Roberts 1986, Viaje de investigación en la DDR. (Ex Alemania Oriental); Kurkov 1977, USA; Philipov 1975, USA; Bushman/Madson 1976, USA; Bordon/Schuster 1976, USA; Schuster 1976, USA; Ramírez 1982, USA; Dhority 1984, USA; Du-Babcock 1986, USA; Commission de la Fonction publique du Canada 1975; Gassner-Roberts 1984, Australia; Pürschel/MAtoni 1987, BDR. (Ex Alemania Occidental); Dröber 1985, BDR. (Ex Alemania Occidental); Schiffler 1986, BDR. (Ex Alemania Occidental) (vgl. Krag 1988, S. 120ff.)"[62].

Por eso podemos reafirmar lo mencionado por la Dra. Vera F. Birkenbihl: "Hoy en día se puede aprender más en dos meses que en cuatro años en el pasado"[63].

Finalmente, en este punto quiero presentar lo explicado por la Dra. Claudia Dostal, quien gracias a su gran experien-

---

61 Dostal, *Qualitätsverbesserung des Schulunterrichts*, 153-154.
62 Dostal, *Qualitätsverbesserung des Schulunterrichts*, p. 154.
63 Vera F. Birkenbihl, "Gehirngerechtes Rechentraining".

cia y trayectoria, ha podido aportar significativamente en este campo.

"Hoy en día, el método de la sugestopedia es respaldado por múltiples investigaciones científicas internacionales. Brainbox investigó también este método, enfocando en la calidad de la enseñanza. En 1978, una comisión de la Unesco recomendó este método.

Desde los años sesenta, el método ha sido enriquecido por múltiples docentes, profesores e investigadores de todo el mundo y se presenta hoy empleando una gran gama de métodos didácticos que activan a los estudiantes y aumentan la capacidad de aprendizaje de manera notable y significante.

El concepto de la sugestopedia se basa en ciertos principios:
- Ritmización equilibrada: activación – relajación.
- El provecho del proceso del grupo.
- Aprendizaje con todos los sentidos.
- Desbloqueo de limitaciones (sugestión – desugestión).
- Música seleccionada.

¿Cuáles son los beneficios de la sugestopedia?
- Una considerable aceleración del aprendizaje de tres a cinco veces más.
- Un aumento de concentración.
- Un aumento de memoria y de creatividad.
- Facilitación del entendimiento, la solución de problemas, el rendimiento.
- Disminución del esfuerzo y la fatiga"[64].

"Meier, 2004, dijo sobre la actual variante norteamericana de la sugestopedia: 'AL (*Accelerated Learning* – Aprendizaje Acelerado) es más que una recolección de ideas de aprendizaje creativo y de técnicas. Es una filosofía integral e integrada,

---
64   Claudia Dostal, correo electrónico recibido por el autor el 6 de diciembre de 2013.

una aproximación al aprendizaje, que contrasta con muchas de nuestras costumbres y prácticas convencionales. AL es sistémico, no cosmético. Y exige un cambio de pensamiento con respecto a nuestras convicciones básicas relacionadas con el aprendizaje (Meier 2004, S.279). El credo de AL es: haz lo que funciona y busca algo que funcione aún mejor. AL no está ligado a un específico marco de técnicas, métodos o medios de ayuda, sean viejos o nuevos. AL puede utilizarlos tanto de manera aislada como conjunta, lo importante es solo su idoneidad para alcanzar resultados sobresalientes' (ebd. S. 9)"[65].

---

65   Dostal, *Qualitätsverbesserung des Schulunterrichts*, p. 142.

15. Comparación del método sugestopédico con otros modelos o métodos

En este punto quiero presentar los modelos o métodos de aprendizaje que tienen mucha similitud o alguna relación con el método sugestopédico.

A. Modelo de las estaciones del proceso de aprendizaje

El Modelo de las Estaciones del Proceso de Aprendizaje de Gagné/Driscoll puede compararse con el modelo sugestopédico (vgl. Gagné/Driscoll, 1988, S. 128 zit. N. Helmke 2005, S. 39):

Gagné/Driscoll		Suggestopedie
Proceso de aprendizaje	Suceso de enseñanza	Ciclo sugestopédico
Atención	Construir atención	Centering
Expectativas	Orientación, motivación	Vista general, objetivo
Recuperación de conocimiento de la memoria a largo plazo en la memoria de trabajo	Estimular el uso del conocimiento previo	Dekoding
Trabajo selectivo	Presentación del material de aprendizaje	Concierto de aprendizaje u otra forma de la presentación del material

Gagné/Driscoll		Suggestopedie
Almacenar en la memoria a largo plazo	Apoyo del aprendizaje	Segundo concierto de aprendizaje
Comportamiento de aprendizaje abierto	Practicar y probar	Activación
Fortalecimiento	Retroalimentación, correcciones	
Recuperación y utilización del conocimiento de la memoria a largo plazo	Mejora de la retención y transferencia	Transferencia

"El Modelo de Gagné/Driscoll es una referencia adicional en la que la estructura de la enseñanza sugestopédica corresponde al proceso de enseñanza natural. Por medio de estructuras y de estaciones concretas en el ciclo sugestopédico, se facilita a los docentes la aplicación de ese modelo"[66].

B. Modelo básico de aprendizaje

"Oster/Patry ofrecen con su llamado Basismodellen des Lernens ("Modelo Básico de Aprendizaje") una base para la enseñanza. Aquí se presenta el Modelo Básico del Aprendizaje con sus correspondientes objetivos de acuerdo con Oser/Patry y la implementación en la sugestopedia (vgl. Oser/Patry 1990, S. 6)"[67]:

---

66   Dostal, *Qualitätsverbesserung des Schulunterrichts*, p. 160.
67   Tabelle N° 11 Suggestopädie im Zusammenspiel mit Oser/Patry (Ergänzungen von C.D). Dostal, *Qualitätsverbesserung des Schulunterrichts*, p. 162.

Modelo Básico De acuerdo con Oser/Patry	Objetivo De acuerdo con Oser/Patry	Sugestopedia
Aprendizaje por medio de experiencias.	Anexión de conocimiento de experiencias.	Se da espacio a la experiencia y a la acción propias.
Desarrollo como objetivo de la educación.	Transformación de estructuras profundas (por ejemplo, juicio moral).	La exigencia y el desarrollo del potencial personal es una actitud básica, lo cual determina las actividades.
Eliminación de problemas	Aprendizaje por medio del intento y de la equivocación.	Principalmente es escogida la presentación de tareas en la activación, las cuales se usan en relación con el contenido trabajado para poder exigir nuevas soluciones.
Desarrollo de ciencia	Hechos, capacidades, narrativas.	Transferencia y estructuración del contenido y preparación de los conceptos de acuerdo con las percepciones personales y emocionales.
Formación de conceptos	Utilización de esquemas, teorías, apuntes.	Junto con la utilización de esquemas, apuntes, etc., también se usan carteles, y sobre todo los mapas mentales, lo cual facilita la formación de diferencias y analogías.
Aprendizaje de estrategias	Aprender a aprender (metaaprendizaje).	Intercambio y reflexión en el nivel meta.
Desarrollo de rutinas y entrenamiento de destrezas.	Rutinas con destrezas sin sobreexigencia del uso del consciente.	Mucho espacio para la práctica creativa.
Modelo de movilidad	Preparación de curiosidad afectiva por medio de acciones creativas.	Por medio de la aplicación de ejercicios de relajación, capacidad artística como interpretación de roles, danza, movimiento, dibujos, musicalización, se logra el tratamiento o la eliminación de los bloqueos interiores (desugestión).

Modelo Básico De acuerdo con Oser/Patry	Objetivo De acuerdo con Oser/Patry	Sugestopedia
Aprendizaje de relaciones dinámicas.	Intercambio positivo de comportamiento. Formación activa de la vida en común de un docente y de un grupo de trabajo.	Por medio de la actitud básica de la psicología humanística y de la aplicación de la demanda social y de los métodos interactivos, como grupos aleatorios, preparación de un clima positivo motivacional.
Construcción de identidad y valor.	Cambio del consciente (político, humano y religioso).	Aumento de la sensación del valor personal por medio de la actitud sugestopédica, fortalecimiento de la personalidad por medio de la forma, cómo se reacciona ante los errores, lo que contribuye indirectamente con el cambio de valor hacia una actitud positiva.

C. Modelo de maslow

"De acuerdo con Maslow, las necesidades psicológicas son las más poderosas entre todas, y las necesidades mayores se pueden satisfacer recién cuando las necesidades básicas son satisfechas. Eso tiene muchísimas consecuencias en la enseñanza, sobre todo cuando está claro que la necesidad de reconocimiento y de rendimiento se activa, cuando las necesidades psicológicas, las necesidades de seguridad y la necesidad de cariño son satisfechas. La sugestopedia lleva consigo ese cálculo de jerarquía. Un profesor sugestopédico sabe el significado del ambiente y logra el ambiente que cubre las necesidades psicológicas, aquel que sea seguro para cada estudiante, por ejemplo por medio de la claridad. Con eso, él se integra rápidamente al grupo, manifiesta su propia valoración y da impulso, y la otra valoración también es expresada y crea de esa manera un ambiente en el cual el rendimiento de los estudiantes es una necesidad y una consecuencia natural"[68].

D. Modelo del desarrollo del conocimiento

"Las clases sugestopédicas por sí llevan los 11 aspectos necesarios de acuerdo con Schachl (vgl. Schachl 2005, S. 7ff.)"[69].

Aspectos del desarrollo según Schachl Desarrollo del conocimiento de acuerdo con diversas investigaciones	Analogía sugestopédica
Visión general antes de información aislada.	Componentes del ciclo sugestopédico: decodificación, primer concierto de aprendizaje.
Transparencia de los objetivos de enseñanza-aprendizaje.	Son claramente comunicados al inicio.
Despertar interés.	Por medio de muchos métodos, sorpresas, formas y temas, se despierta también el interés
Repetición.	Componentes del ciclo sugestopédico: segundo concierto de aprendizaje, integración y activación.
Se abordan más sentidos.	Multisensorial, variedad de métodos.
Se presta atención a las sensaciones.	La emocionalidad es un factor importante para el efecto. Desugestión.
Retroalimentación de información.	Positiva retroalimentación de información por medio de la creación de vivencias exitosas y de las relaciones constructivas con errores.
Consideración de pausas.	El refrescamiento forma parte del método.
Enseñar y aprender en la secuencia correcta.	Ritmización y estructuración por medio del ciclo sugestopédico.
Creación de red.	Componentes del ciclo sugestopédico: activación.
Atención del talento o de la capacidad personal.	Por medio del método, cada docente puede descubrir y comprender en los diferentes niveles cada una de sus capacidades.

---

68   Dostal, *Qualitätsverbesserung des Schulunterrichts*, p. 163.
69   Tabelle N° 12 Suggestopädie und die Gebote Schachls (Ergänzungen von C.D). Dostal, *Qualitätsverbesserung des Schulunterrichts*, p. 169.

E. Modelo de los principios de enseñanza y aprendizaje

"Margret Arnold presenta doce principios de enseñanza y aprendizaje, los cuales están basados en el trabajo de Renate Nummela Caine (1994, 1997, 2004). Lo que sigue es la presentación de los principios de Caine con la interpretación de Arnold y la relación con la sugestopedia"[70].

	Principios de Caine	Arnold	Sugestopedia
1	*All learning is physiological.* Todo aprendizaje es fisiológico.	Los estudiantes aprenden más efectivamente cuando pueden generar experiencias y cuando los múltiples sentidos son considerados.	Los distintos sentidos son tomados en consideración.
2	*The brain/mind is social.* El cerebro/la mente es social	Los estudiantes aprenden más efectivamente cuando en el proceso de aprendizaje se realizan interacciones sociales.	El proceso en grupo es uno de los factores del efecto de la sugestopedia.
3	*The search for meaning is innate.* La búsqueda de significado es innata.	Los estudiantes aprenden más efectivamente cuando sus ideas y sus intereses son tomados en consideración y valorados.	Un docente sugestopédico considera el conocimiento previo de los estudiantes, reacciona flexiblemente e incluye en las clases sugestopédicas los intereses y las ideas de ellos.

---

70 Dostal, *Qualitätsverbesserung des Schulunterrichts*, 172.

	Principios de Caine	**Arnold**	**Sugestopedia**
4	*The search for meaning occurs through patterning.* La búsqueda de significado se produce por medio de patrones.	Los estudiantes fortalecen y expanden su aprendizaje cuando las nuevas ideas se relacionan con su conocimiento previo.	Sobre todo en la fase de activación, se relaciona y se enlaza el conocimiento previo con la información a disposición.
5	*Emotions are critical to patterning.* Las emociones son fundamentales para modelar.	Los estudiantes aprenden más efectivamente cuando por medio de la información y de las experiencias, se originan emociones positivas.	La emocionalidad es un factor de efectos de la sugestopedia.
6	*The brain/mind processes parts and wholes simultaneously.* El cerebro/la mente procesa parte y todo simultáneamente.	Los estudiantes aprenden más efectivamente cuando hay un entendimiento de lo transmitido, lo cual une unos detalles con otros.	La organización de las clases de acuerdo con el ciclo sugestopédico lleva a ese principio.
7	*Learning involves both focused attention and peripheral perception.* El aprendizaje implica tanto la atención enfocada como la percepción periférica.	Los estudiantes aprenden más efectivamente cuando su atención se profundiza y al mismo tiempo cuando se alcanza el ambiente de aprendizaje, lo cual apoya el proceso de enseñanza, con lo que no se rechaza la atención.	Un docente sugestopédico es en sí el efecto de aprendizaje del contexto consciente y maneja las cosas esmeradamente y de manera consciente.

	Principios de Caine	Arnold	Sugestopedia
8	*Learning always involves conscious and unconscious processes.* El aprendizaje siempre implica procesos conscientes e inconscientes.	Los estudiantes aprenden más efectivamente cuando tienen tiempo, cuando reflejan su propio aprendizaje.	La sugestopedia genera el ambiente del proceso inconsciente, por ejemplo para el segundo concierto de aprendizaje o en la integración. Al mismo tiempo, genera el ambiente de la reflexión consciente.
9	*There are at least two approaches to memory: archiving isolated facts and skills or making sense of experience.* Hay por lo menos dos enfoques para la memoria: archivo de hechos y habilidades aisladas o dar sentido a la experiencia.	Los estudiantes aprenden más efectivamente por medio del enlace de información y de las experiencias, y cuando se usan los múltiples caminos del recuerdo.	Por medio del accionar vivencial de los contenidos, es enlazada la información con la experiencia.
10	*Learning is developmental.* El aprendizaje es desarrollo mental.	Los estudiantes aprenden más efectivamente cuando son consideradas las diferencias individuales, los conocimientos y las capacidades.	El ciclo sugestopédico logra las condiciones del ambiente que facilita el aprendizaje de los estudiantes, así como la presentación de tareas individuales permite que se una el todo de manera armónica.

	Principios de Caine	Arnold	Sugestopedia
11	*Complex learning is enhanced by challenge and inhibited by treat associated with helplessness.* El aprendizaje complejo se ve reforzado por el desafío y se inhibe por tratamiento asociado con impotencia.	Los estudiantes aprenden más efectivamente en un ambiente con apoyo, motivación y exigencias.	El apoyo del actuar de los docentes y los principios de sugestión y de desugestión permiten alcanzar un ambiente que facilita el aprendizaje.
12	*Each brain is uniquely organized.* Cada cerebro está organizado de forma única/exclusiva(*). (*) Traducción hecha por el autor.	Los estudiantes aprenden más efectivamente cuando su impresionante talento individual, sus capacidades y sus destrezas son considerados.	Por medio de la presentación de tareas multivariables, la flexibilidad y un gran repertorio de métodos, puede llegar la sugestopedia a la singularidad de los estudiantes, así como a las exigencias de la comunidad.

"En resumen, se debe remarcar que de acuerdo con todo el conocimiento general sobre el aprendizaje, el método de enseñanza sugestopédico es un fundamento sólido para las clases exitosas, porque debido a su uso profesional, es una consecuencia el cumplimiento de los postulados presentados. Al mismo tiempo, se debe enfatizar que es mucho más sencillo orientarse a la estructura de un método en comparación con postulados generales abstractos. Las clases sugestopédicas de ninguna forma son uniformes, sino que dependen de la individualidad tanto del docente como del estudiante"[71].

---

71   Dostal, *Qualitätsverbesserung des Schulunterrichts*, p. 173.

F. Método Pestalozzi

El pedagogo suizo Johann Heinrich Pestalozzi (1746 – 1827) fue un reformador de la pedagogía tradicional, dirigió su labor a la educación popular. En su infancia él se caracterizó por ser un niño desobediente, desordenado y con pocos logros escolares.

> Pestalozzi fue un pensador y ante todo un apasionado hombre de acción. Padre de la pedagogía moderna, inspiró directamente a Fröbel y a Herbart, y su nombre está vinculado con todos los movimientos de reforma de la educación del siglo XIX. El pedagogo es llamado a Yverdón, donde el 1º de enero de 1805 inaugura en el castillo un establecimiento que rápidamente cobra amplitud y adquiere fama en toda Europa: desde todas partes se acude a observar el fenómeno pedagógico, y los maestros se suceden por oleadas (los prusianos, los franceses, los ingleses) a fin de iniciarse en el método Pestalozzi.
>
> El método es un instrumento sin lugar a dudas necesario. Importa observar la naturaleza infantil, extraer las leyes propias de su desarrollo, crear un medio favorable para ese desarrollo, tomar en cuenta explícitamente la dimensión social de la relación educativa, dar eficacia a la capacidad de acción del niño... aspectos todos que Makarenko, Montessori, Freinet y Piaget, continuarán elaborando y perfeccionando técnicamente. Se trata de escrutar infatigablemente el mecanismo de la naturaleza humana en sus diferentes manifestaciones: sin el conocimiento, es imposible ejercer poder alguno sobre esa naturaleza[72].

Lo que deseo presentar en este punto es, cómo hace 200 años ya se mostraba la importancia de la aplicación de algunos puntos y principios en el proceso de enseñanza y aprendizaje, los cuales los podemos relacionar con algunos de los principios y técnicas utilizados en la sugestopedia, cuyos resultados han demostrado su gran potencial.

---

[72] "Johan Heinrich Pestalozzi", Unesco, consultada el 26 de marzo de 2014, http://www.ibe.unesco.org/publications/ThinkersPdf/pestalozzis.PDF

PESTALOZZI	LOZANOV – SUGESTOPEDIA
Partir de las cosas simples antes de pasar a las más complicadas.	En la sugestopedia se comienza por lo general y después se pasa a lo específico.
Enseñar al niño por medio del dibujo, a medir todos los objetos que se presentan a su vista.	En la sugestopedia un factor importante es el ambiente y el uso de gráficos, dibujos y colores.
Poner en práctica el método de enseñar a unos por medio de otros.	En la sugestopedia se realiza la enseñanza de manera activa y en grupo.
Importancia de la educación creativa y productiva.	En la sugestopedia se trabaja mucho con el hemisferio derecho del cerebro, el cual es el hemisferio creativo.
Es preciso que el niño esté libre para que pueda actuar a su modo y en contacto con todo lo que lo rodea (ambiente).	En la sugestopedia se estimula mucho la participación, aprovechando al máximo el medio en que se desarrolla el proceso de aprendizaje; no existen críticas por ser desugestiones.
Debía partirse de la observación de las experiencias, los intereses y las actividades educativas.	En la sugestopedia uno de los aspectos más importantes en el proceso de aprendizaje es el interés que se tiene por el tema, debe existir una valoración del uso de lo que se debe aprender.

"Por eso, en la actualidad hay un total de 140 colegios Pestalozzi en el mundo, de los cuales 37 se encuentran en América Latina, y cuentan con un total de 81.000 alumnos"[73].

G. Método Montessori

Este es un método de educación alternativa desarrollado por la educadora italiana María Montessori a finales del siglo

---

[73] "Formación demandada", Deutschland, consultada el 26 de marzo de 2014, https://www.deutschland.de/es/topic/saber/educacion-aprendizaje/formacion-demandada

XIX y principios del XX. Se basa en las teorías del desarrollo del niño.

La Dra. María Montessori (1870-1952) observó que el niño posee dentro de sí el patrón para su propio desarrollo (bio-psico-social). El niño se desarrolla plenamente cuando se permite que este patrón interno dirija su propio crecimiento. Construye así su personalidad y su propio conocimiento del mundo, a partir de ese potencial interior. "El niño es el padre del hombre", decía la Dra. Montessori, ya que es el niño quien se crea a sí mismo revelando la persona en la que puede transformarse. Esa transformación es su principal tarea, una tarea intensa e incesante que lleva a cabo naturalmente y con una inmensa alegría. María Montessori sostuvo que la alegría del niño debe ser tomada como un indicador de los aciertos del sistema educativo. Por medio de la observación sistemática y de la investigación científica en distintos entornos culturales, la Dra. Montessori desarrolló un **método pedagógico** integral que asiste al niño en esta tarea fundamental. Es un programa amplio e integrado que cubre todas las áreas temáticas (Matemáticas, Lengua, Ciencias, Historia, Literatura, Arte, Música) desde los 0 hasta los 18 años. Las neurociencias y la psicología cognitiva confirman hoy los **principios generales** que sustentan el método Montessori. Un estudio reciente pone de manifiesto las habilidades sociales y académicas superiores de los niños educados en un ambiente Montessori.[74]

"Desde su creación este método se ha implementado en cerca de cinco mil escuelas en México, Rusia, Taiwán, Japón, Corea, Australia, Nueva Zelanda, Alemania, Sudáfrica, Etiopía, Tanzania, Estados Unidos, China, Colombia, India y muchos países más"[75].

---

74 "La mano es el instrumento de la mente", Fundación Montesori, consultada el 26 de marzo de 2014, http://www.fundacionmontessori.org/educacion-montessori.htm?gclid=CO7V7NmApL0CFdShtAodbXsAQg

75 "Pedagogía Montessori: la filosofía de la libertad", Medellín, consultada el 26 de marzo de 2014, http://www.medellin.edu.co/sites/Educativo/Directivos/Noticias/Paginas/ED29_PPM_ModeloMontessori.aspx

H. Método Waldorf

El currículo Waldorf se basa en la comprensión del desarrollo evolutivo del ser humano, desde la niñez hasta la primera juventud, teniendo en cuenta la progresiva aparición de capacidades vinculadas al ámbito del sentir, del querer y del pensar. Es decir, nuestra pedagogía busca educar la totalidad del niño, equilibrando el trabajo práctico con sus manos, con el progresivo desarrollo de la voluntad individual y de las capacidades intelectuales. Estos tres ámbitos se trabajan en el kínder, la básica y la media, con distintos énfasis y metodologías. En los primeros años del niño, por ejemplo, la manera de acercarse a los conocimientos se realiza por medio del juego, la fantasía y la imaginación, incorporando paulatinamente el pensamiento abstracto, de modo de evitar la intelectualización precoz de los niños. La pedagogía Waldorf distingue distintos momentos anímicos en que se acentúa el desarrollo de diversas capacidades, basándose en el estudio de la biografía humana a partir de septenios (períodos de siete años).[76]

Actualmente, más de ochocientas escuelas en el mundo y una mayor cantidad de jardines de infantes basan su método de enseñanza en la pedagogía Waldorf. Creada por el filósofo austriaco Rudolf Steiner en 1919, se fundamenta en una particular concepción del hombre, basada en la antroposofía, y el acompañamiento de las diferentes etapas evolutivas del niño por parte del docente.[77]

Asimismo, quiero presentar las similitudes de los métodos Montessori y Waldorf, los cuales son contemporáneos. Gracias a sus valiosos aportes y al entendimiento de las verdaderas necesidades de los estudiantes en el proceso de aprendizaje, se han creado cientos de colegios en los que se aplica las metodologías explicadas anteriormente. En ambos métodos se

busca el respeto a los niños, consideran que tienen un enorme potencial y que son la base de un futuro mejor; Para respetar al

---

76 "Pedagogía Waldorf", Colegio Rudolf Steiner, consultada el 26 de marzo de 2014, http://www.colegiorudolfsteiner.cl/por-que-elegirnos/pedagogia-waldorf/

77 "Apuntes sobre la Pedagogía Waldorf", *El Trigal*, consultada el 26 de marzo de 2014, http://eltrigal.org/planetario.htm

niño, este debe gozar de una gran libertad. Las actividades artísticas tienen un peso importante en sus escuelas. Critican las calificaciones, las ven como algo inútil y dañino para el desarrollo del niño; proponen que el entorno escolar esté hecho para las dimensiones de los estudiantes, a su medida. Y se da importancia a la vida doméstica, intentando reproducirla en el colegio.[78]

I. Método Suzuki

El Método Suzuki fue desarrollado en Japón por el Dr. Shinichi Suzuki, quien fue violinista, educador y filósofo; fue considerado un humanista. Ejerció una profunda influencia en la educación de su país y en otros lugares del mundo. Murió en enero de 1998.

> Shinichi Suzuki era violinista, educador, filósofo y filántropo. Nació en 1898, estudió el violín en Japón antes de ir a Alemania en los años veinte para estudiar más. Después del fin de la Segunda Guerra Mundial, el Dr. Suzuki dedicó la vida al desarrollo del método que llamaba Educación del Talento. Basó su método en la creencia de que la habilidad musical no es un talento innato sino una habilidad que se puede desarrollar. Todo niño a quien se enseñe correctamente puede desarrollar habilidades musicales, como todos los niños aprenden a hablar su lengua materna. El potencial de cada niño no tiene límite.
>
> La meta del Dr. Suzuki no era solamente crear músicos profesionales, sino también criar amables seres humanos y ayudar a desarrollar el carácter de cada niño por medio del estudio de la música.
>
> Hace más de cuarenta años, Suzuki se dio cuenta de las implicaciones del hecho de que los niños en todas partes del mundo aprenden a hablar su lengua materna con facilidad. Comenzó a aplicar los principios de adquisición de lengua al aprendizaje de la música, y llamó su método el enfoque de la lengua materna. Las ideas de la responsabilidad de los padres, el aliento cariñoso,

---

78 "Montessori vs. Waldorf. Dos métodos frente a frente", *En Tribu*, consultada el 26 de marzo de 2014, http://entribu.wordpress.com/2010/05/24/montessori-vs-waldorf-dos-metodos-frente-a-frente/

la repetición constante, etc. son algunas características especiales del método Suzuki.

La participación de los padres: Como cuando los niños aprenden a hablar, los padres participan en el aprendizaje musical de su hijo. Asisten a las clases con el niño y sirven como "profesores de casa" durante la semana. Un padre suele aprender a tocar antes que el niño, para que pueda entender lo que su hijo tiene que hacer. Los padres trabajan con el profesor para crear un agradable ambiente de estudio.

Comienzo temprano: Los años tempranos son decisivos para el desarrollo de los procesos mentales y la coordinación muscular. Debe comenzar a escuchar la música al nacer; la capacitación formal puede comenzar a los tres o cuatro años, pero nunca es demasiado tarde para comenzar.

Escuchar: Los niños aprenden palabras después de haberlas escuchado cientos de veces. Escuchar la música todos los días es importante, particularmente las piezas del repertorio Suzuki, para que el niño las conozca inmediatamente.

La repetición: La repetición constante es imprescindible para aprender a tocar el instrumento. Los niños no aprenden una palabra o una pieza de música y después se deshacen de ella. La añaden a su vocabulario o repertorio y poco a poco la usan de maneras nuevas y aún más sofisticadas.

El aliento: Igual que el lenguaje, los esfuerzos de los niños para aprender a tocar un instrumento deben encontrarse con elogios y con aliento sincero. Cada niño aprende a su propia velocidad, agregando los pasos pequeños para poder dominar cada avance. También se anima a los niños a apoyar los esfuerzos de sus compañeros para fomentar una actitud de generosidad y de cooperación.

El aprendizaje con otros niños: Además de las clases privadas, los niños participan en clases de grupo regularmente y en interpretaciones en las que aprenden uno del otro y se motivan.

El repertorio graduado: Los niños no hacen ejercicios para aprender a hablar sino que usan el lenguaje para su propósito natural de comunicación y de expresión. Hay partes del repertorio Suzuki que están pensadas para presentar problemas técnicos a fin de aprender en el contexto de la música en lugar de hacerlo mediante aburridos ejercicios técnicos.

La lectura postergada: Los niños aprenden a leer después de establecer la habilidad de hablar. De la misma manera, los niños deben desarrollar la básica competencia técnica en sus instrumentos antes de aprender a leer música"[79].

En el ambiente alentador fomentado por el método Suzuki, los niños aprenden a disfrutar de la música y desarrollan confianza, autoestima, autodisciplina y concentración, así como la determinación necesaria para intentar hacer cosas difíciles. En otras palabras, se toman en cuenta muchos de los aspectos importantes para la sugestopedia.

Como se ha podido notar, él ejerció una gran influencia en el sistema educativo de muchos países, pero sobre todo en el de Japón, por ello ese es uno de los países con mayor desarrollo y tecnología de punta.

J. Método Natural English

Natural English es un programa para aprender inglés naturalmente sin estudios convencionales. El aspecto pedagógico está cubierto por lingüistas, filólogos y expertos en gramática estructural inglesa, pero todos ellos subordinados al control de un psicólogo. Esto plantea que estudiar algo es un problema didáctico, pero en cambio aprender algo es una cuestión fundamentalmente psicológica, se trata de un programa científico que desarrolla paso a paso el proceso de aprendizaje de su lengua materna con base en el efecto repetición: ver, escuchar y repetir, tiene como resultado hablar.

El método se fundamenta en un principio por todos conocido, que establece que el mecanismo pensante directo de un idioma es, en otras palabras, el proceso que le permitirá hablar y comprender

---

[79] "Acerca del Método Suzuki", Suzuki Association, consultada el 26 de marzo de 2014, https://suzukiassociation.org/teachers/twinkler/twinkleres/

el inglés con la misma facilidad, fluidez y espontaneidad con que maneja el castellano. Es un mecanismo que comprende tres pasos:

1. Primero: pensar directamente en inglés.

2. Segundo: no vigilar en absoluto la pronunciación en inglés.

3. Tercero: no tener la necesidad de traducir lo que escucha cuando le hablan en inglés.

No es como con el estudio convencional, ya que en la mayoría de los casos el estudiante está obligado a ser un traductor y deben cumplir estos cuatro pasos:

1. Primero: pensar en castellano lo que quiere decir.

2. Segundo: traducir al inglés.

3. Tercero: construir gramaticalmente la oración.

4. Cuarto: tratar de pronunciar bien.

Con el programa natural, se dirige la información directamente al subconsciente, es el procedimiento ideal para la obtención del pensamiento instantáneo en inglés, que hará de usted un intérprete. Exactamente lo mismo sucedería al radicarse en los Estados Unidos por un período de 8 a 12 meses, pero en este caso sin necesidad de estudiar inglés, de leer los diarios en dicho idioma, usted llegaría a pensar directamente en inglés transcurrido este tiempo, debido fundamentalmente a que en los Estados Unidos el medio ambiente, exclusivamente americano, lo condiciona sin que se dé cuenta, por medio de fonemas que estaría repitiendo en forma permanente. Ahí está la diferencia.

Un idioma se estudia como frases que son analizadas, pero se aprende por medio de fonemas que no se analizan. Un fonema es un sonido o un grupo de sonidos que tienen un significado preciso. Por ello un niño pequeño aprende a hablar solamente por medio de la imitación, la repetición y la combinación de fonemas, ya que gramaticalmente no sabe nada. Pues la gramática es el correctivo de un idioma, no es un mecanismo de aprendizaje, no necesita de ese conocimiento para hablar correctamente el idioma. Esta es la forma de adquirir y dominar un idioma, el aprendizaje natural.

En este método se escucha música barroca especialmente seleccionada y grabada en 60 compases, lo que hará que encuentre el estado ideal de relajación para un óptimo aprendizaje, pues este sistema utiliza una técnica muy especial y efectiva como es la musicoterapia, y esta a su vez parte del concepto esencial de que es "cuerpo relajado, mente activa.

El sistema natural está considerado como una de las técnicas de superaprendizaje, que acelera el aprendizaje y perfecciona el desempeño, al igual que en tales técnicas, este método utiliza la música para expandir la memoria, darle energía a su mente, y vincularlo con el subconsciente, plano de la mente que actúa como el archivo de la memoria y donde se graba todo aquello que nos interesa, necesitamos o simplemente nos motiva.

Los soviéticos descubrieron que la música es un factor clave para acceder al aprendizaje rápido, llamado superaprendizaje. El organismo humano es susceptible de ser educado eficazmente, conforme al orden y al impulso de la música, el ritmo musical y corporal, es el resultado de movimientos sucesivos, ordenados, modificados y estabilizados, que forman verdadera identidad motivados por los tiempos musicales. Algunos de los principales efectos de la musicoterapia son los siguientes:

- Aumenta la capacidad de concentración.

- Estimula la creatividad.

- Mejora la memoria.

- Facilita el pensamiento lógico.

- Disminuye el estrés y la tensión.

- Regula la presión sanguínea.

- Modera el ritmo cardíaco.

- Aumenta considerablemente la capacidad de aprendizaje.

Al escuchar cierto tipo de música, la presión sanguínea se relaja, y los latidos del corazón disminuyen hasta un ritmo saludable, simultáneamente las ondas alfa de la relajación aumentan. En calma, el cuerpo funciona más eficientemente, liberando energía para el cerebro. Recuerde que la relajación es fundamental para adquirir el idioma inglés, es definitivo adoptar una actitud mental positiva y responder al proceso de manera natural.[80]

Los métodos y los modelos explicados anteriormente tienen una relación muy estrecha con el método sugestopédico, porque la música, el ambiente, las sugestiones positivas, el juego, la razón de aprender un determinado tema, el estudio activo y grupal, la automatización, la confianza, la aceptación y el respeto de los demás, la aceptación de los errores como mecanismo de progreso y de mejora, así como el trabajo realizado y apoyado por nuestro entorno, tal como se describió en los párrafos precedentes, son los instrumentos más utilizados para potenciar la capacidad de aprendizaje en la sugestopedia.

---

80 Curso de Inglés Natural de NLC - Natural Learning Corporation. CD, Perú, 2003.

16. La neurociencia y su relación con la neurodidacta y la sugestopedia

La neurociencia es una ciencia nueva con 20 años de existencia.

La neurociencia estudia la estructura y la función química, farmacología, y patología del sistema nervioso y cómo los diferentes elementos del sistema nervioso interactúan y dan origen a la conducta.

El estudio biológico del cerebro es un área multidisciplinar que abarca muchos niveles de estudio, desde el puramente molecular hasta el específicamente conductual y cognitivo, pasando por el nivel celular (neuronas individuales), los ensambles y las redes pequeñas de neuronas (como las columnas corticales) y los ensambles grandes (como los propios de la percepción visual) incluyendo sistemas como la corteza cerebral o el cerebelo, y por supuesto, el nivel más alto del sistema nervioso.[81]

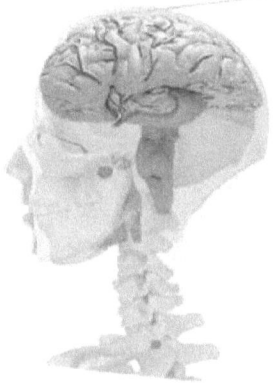

---

81 "La neurociencia", *Neurología, consultada* el 26 de marzo de 2014, http://neurologiayove.blogspot.de/

La neurodidacta, denominada también "neuropedagogía" es el uso de los resultados de la neurociencia en el proceso de enseñanza y entrenamiento. Esta recién tiene 10 años de vida.

> La neuropedagogía es una ciencia naciente que tiene por objeto de estudio el cerebro humano, que debe ser entendido como un órgano social capaz de ser modificado por los procesos de enseñanza y aprendizaje especialmente lúdicos, y no simplemente como un computador. En este sentido, la neuropedagogía es una disciplina tanto biológica como social. No puede haber mente sin cerebro, ni cerebro sin contexto social y cultural. En síntesis, el cerebro humano es un procesador de significados atravesados por una gran cascada de moléculas de la emoción que afectan nuestra mente y nuestra corporalidad. De esta forma, su actividad principal es hacer automodificaciones y autoorganizaciones permanentemente (autopoiesis) y no representaciones del mundo externo, como muchos autores lo plantean. Es así como la neurociencia tiene como objeto descifrar el lenguaje del cerebro, y la neuropedagogía comunicarlo. La utilización en la actualidad de equipos como la tomografía axial computarizada, la resonancia magnética nuclear y funcional y la tomografía de emisión de positrones suponen una gran revolución científica para todos aquellos conocimientos relacionados con los procesos cerebrales y los procesos cognitivos, ya que durante varios siglos aquello que ha sido observado indirecta o teóricamente podrá ser objeto de estudio directo. De esta forma, muchos conceptos sicológicos y pedagógicos tradicionales han quedado desplazados con el florecimiento de la neuropedagogía.[82]

La expresión "neurodidacta" fue introducida por primera vez por Gerhard Preiß en 1988. Él denomina su enfoque interdisciplinario a la investigación del cerebro y la pedagogía. Desde entonces ese enfoque es muy interesante para muchos investigadores, como son Ulrich Herrmann, Ralph Schumacher y Margret Arnold, representantes de muchos otros. Los dos investigadores Margret y Meier utilizan el término "neuropedagogía" y hablan de la dirección de investigación interdisciplinaria (vgl. Braun/Meier 2006).

---

82 "La Neuropedagogía...una nueva ciencia en construcción", Neuropedagogía Colombiana, consultada el 26 de marzo de 2014, http://www.neuropedagogiacolombia.com/

El campo de investigación es tan heterogéneo como la investigación de los tipos de aprendizaje (vgl. 3.2).[83]

La sugestopedia, en cambio, ha sido desarrollada como se explicó anteriormente en los años sesenta, es decir, mucho antes que la neurociencia y la neurodidacta.

La sugestopedia es la neurodidacta en su forma más elevada. Los resultados obtenidos con la aplicación del método sugestopédico en el proceso de enseñanza o entrenamiento son:

1. La consideración simultánea y elegante de los diversos tipos o estilos de aprendizaje.

2. La educación indirecta de la competencia social de todos los participantes.

3. El contenido, que es trabajado de tal forma que los participantes están interesados, activados y fascinados.

4. Las exigencias neurodidácticas de movimiento, juego, emoción, automatización, experiencias concretas, etc., que son incluidas de manera muy natural en el proceso.

5. El almacenamiento del contenido, realizado de forma duradera, por medio de lo cual se reducen las fases de aprendizaje.[84]

---

83   Dostal, *Qualitätsverbesserung des Schulunterrichts*, p. 167.
84   Claudia Dostal, correo electrónico recibido por el autor el 6 de diciembre de 2013.

17. La foto-lectura (*photoreading*): una técnica revolucionaria

La fotolectura es una técnica muy interesante en la que se realiza la lectura de manera activa, utilizando técnicas y herramientas ya descritas en el método sugestopédico, como por ejemplo el uso de música, de sugestiones, etc. Con esta técnica no sólo leemos, sino también recuperamos la información más relevante de acuerdo con nuestro interés, además porque, como lo describe Wolf Schneider en su libro *Wörter machen Leute* ("Palabras hacen gente"), hay mucha redundancia de las palabras en un libro, y explica que no es necesario repetirlas. Por otro lado, la Dra. Vera F. Birkenbihl manifiesta que

> lastimosamente en el sistema tradicional se aprende un 90% de información periférica y sólo un 10% de información valiosa. Por otro lado, estamos acostumbrados a leer a una velocidad promedio de 130 palabras por minuto. Para la fotolectura requerimos confiar mucho en nosotros y en la capacidad de nuestro inconsciente. La técnica de la fotolectura funciona muy bien sobre todo en textos fluidos.[85]

Esta técnica ha sido desarrollada por Paul Scheele, quien indica que la fotolectura

> es un programa de lectura más innovador, que hoy en día se encuentra a disposición. Es una experiencia lectora que utiliza los enormes recursos de nuestra inteligencia. Nosotros vivimos en un tiempo en el que poco tiempo y mucha información se encuentran en competencia. Si nosotros queremos tener éxito, necesita-

---

85 Vera F. Birkenbihl, "Warum ein Bild spricht mehr als 1000 Wörter" (seminario presentado en Alemania, 2006).

mos nuevas destrezas para procesar información y aprender de la información. *PhotoReading* utiliza la máquina más poderosa de procesamiento de información que existe: *el cerebro humano.* [86]

En la fotolectura se usa la Técnica de la Sonrisa, ya que uno debe tratar de sonreír por más que uno no tenga ganas de reírse de manera natural, y la respuesta la encontramos en el siguiente texto:

> El yoga de la risa está basado en la premisa científicamente probada de que el cuerpo no reconoce la diferencia entre una risa provocada y una risa verdadera, por lo que igual recibe los beneficios fisiológicos de esta. Al reír nuestro cuerpo, nuestra mente y nuestras emociones se ven afectadas, y se crea un verdadero estado de alegría de vivir. La técnica comenzó en 1995 en Mumbay, India, y hoy ya existen más de cinco mil clubes de la risa y profesionales dedicados a ella, en más de cincuenta y cinco países del mundo.[87]

"Cuando nosotros reímos o sonreímos, producimos hormonas de alegría, esa es la razón neurofisiológica. También podemos lograr ese efecto si sonreímos de manera forzada durante 60 segundos, porque se activan los nervios que envían información al cerebro y producen esas hormonas"[88].

En la fotolectura se trabaja con mapas mentales y se formulan preguntas que nos permiten realizar una lectura de forma muy activa, con lo cual podemos extraer la información más importante, que lógicamente está relacionada con el interés que tenemos al leer un libro. Sobre la importancia de la formulación de preguntas, se han expresado muchos expertos y escritores reconocidos, como el caso del estadounidense Harold Robbins, autor de 25 *best-sellers*, con 750 millones de libros vendidos y traducidos en 32 idiomas. Él habla de la importancia de la formulación de preguntas y de la transformación del vocabulario.

---

[86] Paul Scheele, *PhotoReding* (Paderborn: Junfermann, 2008), p. 11.
[87] "Los 10 secretos de la alegría", *Revista del Método Silva*, p. 4.
[88] Vera F. Birkenbihl, "Erfolgs Psychologie".

Por otro lado, quiero presentar algunas opiniones de autores o expertos respecto de la técnica *PhotoReading*, con la finalidad de que puedan apreciar mejor cuál es la valoración que se le da a la técnica por parte de personas conocidas y reconocidas en el ámbito académico.

> Nosotros sabemos que la unidad de medida de la información es bits. Los cálculos más nuevos asumen que por cada 15 bits de percepciones conscientes asimiladas, se asimilan 11 millones de bits, pero de manera inconsciente. Muchos investigadores describen la tarea de nuestra mente: retener de forma consciente el 98% de nuestras percepciones, pero a pesar de eso asumimos las percepciones como verdad de manera subliminal. Ese efecto ha sido descubierto por Paul Scheele hace muchos años y él ha aprendido a usarlo. En este libro les muestra Paul Schele cómo pueden usar ese efecto de manera sistemática. Vera F. Birkenbihl.[89]

"Este es el mejor libro sobre la mejora de la capacidad de lectura que haya sido escrito. Finalmente ha podido entender realmente alguien el proceso de lectura. Eric Jensen, autor de *The Learning Brain und Super Teaching*"[90].

"*PhotoReading* ha ayudado a muchos, inclusive a mí, a procesar información con una velocidad de 25.000 palabras por minuto. Bryan Mattimore en *Success Magazine*"[91].

Todos los aspectos presentados en este punto nos demuestran que las técnicas utilizadas en la Fotolectura, *PhotoReading*, tienen bases probadas y demostradas en diversas investigaciones. Esto pone en evidencia y ratifica la posición de apoyo de muchos expertos y conocedores del método sugestopédico. También yo comparto esa posición porque después de haber realizado el curso de Fotolectura en Graz, Austria, en el año 2013, con la Dra. Claudia Dostal, tuve la certificación respectiva de *PhotoReading*, y he utilizado, y sigo utilizando, la técnica cuando deseo leer un libro, aprovecho directamente su enorme potencial, uso menos tiempo para ello.

---

89   Scheele, *PhotoReading*, p. 6.
90   Scheele, *PhotoReading*, p. 7.
91   Scheele, *PhotoReading*, p. 7.

Taller de Fotolectura, desarrollado en el Instituto Brainbox por la Dra. Claudia Dostal. Graz, Austria, 2013.

18. La dislexia y la potencia de su lado creativo

En primer lugar, quisiera presentar la definición correspondiente del término "dislexia". Según la International Dyslexia Association (Asociación Internacional de Dislexia):

> es una dificultad específica de aprendizaje cuyo origen es neurobiológico. Se manifiesta en el aprendizaje de la lecto-escritura, presentando dificultades en el proceso lector, como también en la escritura y en la ortografía y, en general, con todo lo que tenga que ver con la decodificación de los símbolos que nosotros mismos hemos creado para nuestra comunicación de las letras y los números.[92]

La mayoría de los estudios coinciden en que la dislexia se transmite de forma genética, y por ello, resulta muy frecuente encontrar en una familia a más de una persona con dislexia. Es independiente de cualquier causa intelectual, cultural y emocional, y se da a pesar de una inteligencia normal o por encima de la media.

Etimológicamente la palabra "dislexia" proviene de las palabras griegas *Dys*, que significa "pobre o inadecuado", "inversión, desorden, separación, etc." y *lexis*, que significa "palabra o lenguaje". Entonces la palabra "dislexia" quiere decir "dificultades de lenguaje" o "dificultades con la lectura y la ortografía". En la acepción actual, se refiere a problemas de

---

92 "¿Qué es la dyslexia?", *Dislecan,* consultada el 26 de marzo de 2014, http://www.dislecan.es/whatdislexia.html

lectura o a un trastorno en la adquisición de la lectura, pero con repercusiones en la escritura.

La dislexia no es una falta de interés, motivación o una discapacidad sensorial, de un entorno educativo y ambiental desfavorable, o de otras condiciones limitantes. Por lo tanto, no es válido etiquetar a un estudiante "disléxico" como descuidado, desatento o perezoso[93].

Como podemos notar en el párrafo precedente, es una dificultad que se presenta sobre todo en el ámbito académico, ya que el sistema educativo en el que estamos inmersos la mayoría de nosotros está fuertemente enraizado y relacionado con la capacidad de poder leer y escribir, ya que el mayor peso de la transferencia de información y de las evaluaciones se da en forma de lectura y de escritura.

Esta situación se agrava si las personas que pasan por esta situación son lastimadas psicológicamente y permanentemente en su entorno académico, comenzando por sus compañeros de estudio y terminando muchas veces con los mismos docentes. Peor aún si los docentes desconocen el factor por el cual el estudiante tiene un bajo rendimiento, relacionado directamente con su dificultad para adquirir una capacidad específica como leer y escribir de modo adecuado en los tiempos establecidos. Por poner un ejemplo: "El 30% de las personas en Alemania ha tenido un trauma escolar muy fuerte, en el que han sido heridos psicológicamente por parte de los profesores o de los compañeros, tanto así que tenían miedo todos los días de que les volviese a suceder eso"[94].

El sistema educativo lastimosamente casi no utiliza herramientas y técnicas que ya han sido descritas antes en todo el desarrollo del **método sugestopédico y su importancia en un nuevo sistema educativo,** herramientas que

---

93 "Mi mundo está al séver... revés?", *Psicopedagogía,* consultada el 26 de marzo de 2014, http://www.psicopedagogia.com/dislexia-hoy
94 Vera F. Birkenbihl, "Von nix kommt nix".

beneficiarían no sólo a los estudiantes que pasaran por esa situación de desventaja, sino también a todos los estudiantes, por abarcar necesidades generales, de acuerdo con una estructura basada en actividades que engloben los *tipos o estilos de aprendizaje*.

"Las actividades de aprendizaje en la sugestopedia están ligadas a múltiples fuentes, eso quiere decir que persiguen al mismo tiempo diferentes objetivos, como por ejemplo un mejor entendimiento del material, una exigencia de la confianza en sí mismo, el desarrollo de la propia creatividad y la mejora de la cohesión de grupo (vgl. Heidenhain 1995, S. 9)"[95].

Esto se agrava si consideramos lo mencionado por algunos investigadores como Ken Robinson en una de las conferencias realizada por Technology, Entertainment, Design (TED, Tecnología, Entretenimiento y Diseño) el año 2010.

> Él dijo que así como Al Gore mencionó en una conferencia TED que hay una crisis climática, Ken Robinson cree que hay una segunda crisis que tiene los mismos orígenes, y a la que tenemos que hacer frente con la misma urgencia. Pero esto es una crisis de recursos naturales, quiero decir, una crisis de recursos humanos. Fundamentalmente creo que, tal como lo han dicho muchos oradores en los últimos días, hacemos un uso muy pobre de nuestros talentos. Muchas personas pasan toda su vida sin ninguna idea acerca de cuáles pueden ser sus talentos, o si tienen alguno del que hablar. Jeremy Bentham, el gran filósofo utilitarista, dijo que hay dos tipos de personas en este mundo: los que dividen al mundo en dos clases, y los que no. En mi caso, yo lo divido en dos: el grupo de personas que hacen las cosas por hacer, sin ningún placer, y que se van acostumbrando a eso, y el grupo de personas que aman lo que hacen, por eso no les cuesta hacer eso, porque está en ellos. Y hay varias explicaciones posibles para esto, y entre ellas la principal es la educación, porque la educación de alguna forma aleja a muchas personas de sus talentos naturales. Y los recursos humanos son como los recursos naturales, a menudo están enterrados, tienes

---

95   Dostal, *Qualitätsverbesserung des Schulunterrichts*, p. 133.

que ir a buscarlos, no están tirados en la superficie, tienes que crear las circunstancias en las que ellos surjan por sí mismos.[96]

En realidad hay distintas opiniones en cuanto al porcentaje de la población disléxica, pero se puede considerar como una media y estimarse que "afecta al 10% de la población, o 700 millones de personas en el mundo"[97].

Quiero poner un par de ejemplos, con la finalidad de que puedan observar cómo es tomada la dislexia en muchas partes del mundo: "En España la dislexia es un *mal silencioso* que afecta aproximadamente al 10% de la población y que ocasiona grandes porcentajes de fracaso escolar"[98].

En el caso del Perú, se aplicó "un mecanismo creado por psicólogos peruanos para evaluar la dislexia de acuerdo con nuestra realidad, reveló que aproximadamente el 7,5 por ciento de la población infantil en edad escolar sufría de este problema de aprendizaje"[99].

En la Argentina se menciona lo siguiente: "La dislexia afecta al 15% de la población, por lo tanto estamos hablando de que en este colegio hay 1700 alumnos, entonces tenemos más de doscientos cincuenta y cinco estudiantes con esta dificultad. Es una población muy mayor, por lo tanto creo que es muy importante que una escuela se abra para capacitarse sobre este problema actual de la sociedad, enfatizó Muñoz Salas"[100].

---

96 Ken Robinson, "Cambio radical en la educación" (conferencia presentada por TED, California, 2010).

97 "En el cerebro de un disléxico", Sociedad el País, consultada el 26 de marzo de 2014, http://sociedad.elpais.com/sociedad/2013/12/05/vidayartes/1386267524_315616.html

98 "¿Por qué la dislexia en España es ignorada por el sistema educativo?", *La dislexia*, consultada el 26 de marzo de 2014, http://www.ladislexia.net/?s=porcentaje&cat=0

99 "Un 7,5% de la población infantil padece de dislexia", *Perú21*, consultada el 26 de marzo de 2014, http://peru21.pe/noticia/393944/5-poblacion-infantil-padece-dislexia

100 "Docentes de Abejita se capacitaron sobre dislexia y dificulta-

Esa situación es la que me motivó a realizar una encuesta sobre el conocimiento de la sugestopedia y de la dislexia, y confirmé los resultados que se temían, o sea el desconocimiento de esos temas tan importantes por parte de la mayoría de las personas.

Las encuestas realizadas tanto en el Perú como en Alemania consideraron una muestra de 335 personas de 48 países distintos de cuatro continentes: América, Europa, Asia y África. La mayoría de las personas encuestadas son profesionales que laboran en diversas áreas, desde la educativa y la militar, hasta la de salud. Eso quiere decir que se puede suponer que los resultados empeorarían si tomamos como muestra a una población que no necesariamente tiene ese nivel de estudios superiores. Claro que no es absoluto, pero es muy probable que los resultados tengan esa tendencia.

La encuesta realizada en el Perú consideró una muestra de 220 personas, de las cuales sólo 10 sabían algo de la sugestopedia, es decir, solo el 5% de los encuestados. En el caso de la dislexia, 66 personas conocían el tema, lo que equivale al 30% de los encuestados, de los cuales 52 consideraron a la dislexia como un problema, y los otros 14 como una enfermedad. Esto es realmente muy preocupante.

Contrariamente, la encuesta realizada en Alemania consideró una muestra de 39 personas, de las cuales solo dos sabían algo de la sugestopedia, es decir, únicamente el 5% de los encuestados. En el caso de la dislexia, todo lo contrario, ya que de las 39 personas encuestadas, 36 conocían el tema, lo que equivale al 92% de los encuestados, de los cuales 17 consideraron a la dislexia como un problema, 13 como una enfer-

---

des de aprendizaje", *El diariotuc,* consultada el 26 de marzo de 2014, http://eldiariotuc.com.ar/categoria-argentina/item/9708-docentes-del-%E2%80%9Cabejita%E2%80%9D-se-capacitaron-sobre-dislexia-y-dificltades-del-aprendizaje.html medad, y 6 de ellos como otros. Esto también es sumamente preocupante.

Finalmente, la encuesta que podríamos llamar "Encuesta Internacional" ha considerado una población de 76 encuestados de 48 países distintos provenientes de cuatro continentes, como ya se mencionó anteriormente. Los resultados son sorprendentes. Solo 7 de ellos conocen algo de la sugestopedia, lo que equivale al 9%. En el caso de la dislexia, 35 conocen del tema, lo que equivale al 46% de la muestra, de los cuales 11 la consideran como un problema, 14 como una enfermedad, y 10 como otros.

Es lastimoso que la mayoría de personas no sepa qué es la dislexia. Y peor es el caso de las personas que sí saben, o por lo menos creen saber, de qué se trata la dislexia, pero que piensan que es un problema o una enfermedad que se tiene, cuando en realidad es un gran potencial por desarrollar y aprovechar. Ya en la parte introductoria mencioné algunos personajes de la historia universal famosos por sus enormes contribuciones al avance del conocimiento, pero en esta parte deseo presentar de forma más detallada los nombres de las personas que también fueron disléxicas y el área en la que se desarrollaron y en la que hicieron su aporte de forma extraordinaria.

> "**Autores, escritores, periodistas**: Georges Bernard Shaw, Kipling, Hans Christian Andersen, Esther Freud, Gustave Faubert, Milton, Gary Chapman, Jeanne Betancourt, Agatha Christie, Ernest Hemingway.
>
> **Artistas**: Pablo Ruiz Picasso, Vincent Van Gogh, Chuck Irving, Auguste Rodin, Leonardo Da Vinci, Wolfgan Amadeus Mozart.
>
> **Políticos y militares**: General George S.Patton, Winston Churchill, Georges Washington, William Childs, Nelson Rockefeller, John F. Kennedy, Robert Kennedy, Eisenhower.
>
> **Científicos, inventores, médicos, profesores, abogados**: Albert Einstein, Sir Isaac Newton, Thomas Edison, Erin Brockovich, Eli

Whitney, Dr. James Lovelock, William James, Charles Darwin, Galileo Galilei, Louis Pasteur, Alexander Graham Bell.

Empresarios: Bill Gates, Richard Strauss, Richard Branson, Henry Ford, Ted Turner, Ronald Davis, Fred Curry.

Personajes reales: Olaf, Rey de Noruega, Rey Carlos de Suecia, Princesa Victoria de Suecia, Príncipe Charles, Príncipe William, Duque de Westminster.

Actores, músicos, cantantes, directores de cine: Mika, Tom Cruise, Johnny Deep, Harrison Ford, Marlon Brando, Margi Clarke, Michael Barrymore, Salma Hayed, Enrico Carusso, Robin Williams, Dustin Hoffman, Jack Nicholson, Guy Ritchie, Fred Astaire, Harry Belafonte, Oasis (hermanos Gallagher), Walt Disney, Oliver Reed, Georges Lucas, Robert Rodríguez, Quentin Tarantino). [101]

Entre los empresarios quisiera tomar como ejemplo el caso de Ronald Davis, quien recién a sus 38 años de edad pudo leer un libro completamente, en pocas horas y sin ningún inconveniente. Por ello, después de hacer investigaciones clínicas independientes y de trabajar con expertos de diferentes campos, Ronald perfeccionó su programa para corregir la dislexia en adultos y en niños. En 1982, Ronald Davis y la Dra. Fátima Ali, Ph.D., abrieron el Reading Research Council Dyslexia Correction Center en California, y obtuvieron un 97% de éxito al ayudar a sus clientes a superar sus problemas en el aprendizaje.[102]

Lo que deseo manifestar finalmente en este punto es que debemos cambiar nuestra forma de observar esta situación, ya que en realidad las personas afectadas tienen un mayor potencial de uso del hemisferio derecho del cerebro, el cual, como se mencionó en la parte introductoria, es el "hemisferio creativo", el de "asimilación de información de manera veloz y de la memoria de largo plazo", podría decir que es el "hemisferio

---

101   "Personajes famosos con dislexia", *Cajón del Colegio*, consultada el 26 de marzo de 2014, http://cajondelcolegio.blogspot.de/2008/01/continuacin-la-dislexia.html

102   "¿Quién es Ronald Davis?", *Alelijota*, consultada el 26 de marzo de 2014, http://www.alelijota.com.ar/quienesronalddavis.htm

potente". Es también muy importante considerar esto en el sistema educativo con el que cuenta cada país, y no identificar a los estudiantes disléxicos como seres limitados o con requerimientos especiales, vistos desde el punto negativo o de desventaja, sino aplicar las técnicas adecuadas y ya disponibles para facilitar el proceso de aprendizaje de una capacidad específica que es la lecto-escritura. Pero la finalidad más importante debe ser la de potenciar esa capacidad más natural del uso del hemisferio derecho del cerebro, o sea, del hemisferio potente y creativo, con lo que seguramente, y por medio de una dirección y una metodología de enseñanza adecuada, lograremos formar nuevas genialidades que contribuirán y permanecerán en la historia de la humanidad.

19. Importancia del consumo de aceite omega3 en el proceso de aprendizaje

Otro aspecto de trascendental importancia es el conocimiento del efecto de una buena nutrición, pero más específicamente el consumo de pescados y de mariscos, ya que estos contienen el aceite omega3.

"Un nuevo estudio realizado por la Universidad de Oxford ha demostrado que los suplementos diarios de ácidos grasos omega-3 (ácido docosahexaenoico, o DHA) mejoran la lectura y el comportamiento de los niños con bajo rendimiento en las escuelas primarias"[103].

> Múltiples estudios han analizado el efecto del aceite de pescado en la salud cardiovascular, pero han obtenido resultados mixtos. El nuestro parece indicar que el consumo de ácidos grasos omega 3 de origen marino debe ser más alto de lo que se pensaba para lograr un resultado sustancial, dijo Akira Sekikawa, en el sitio de la universidad estadounidense. El promedio de ingesta dietética de pescado por parte de los habitantes de Japón es de cerca de cien gramos cada día, lo que la American Heart Association considera 1 ½ porciones. "El estadounidense promedio, en cambio, consume alrededor de 7 a 13 gramos de pescado al día", detallaron, luego de monitorear la dieta de unos 300 hombres en Japón, Hawaii y Filadelfia por un período de cinco años[104].

---

103 "News Stories", *Oxford,* consultada el 26 de marzo de 2014, http://www.ox.ac.uk/media/news_stories/2012120709_1.html&prev=/se arch%3Fq%3Domega3%2Buniversidad%2Bde%2Boxford%26biw%3D 1366%26bih%3D643

104 "El alto consumo de omega 3 puede beneficiar la salud cardiovascular y el sueño", *La Nación,* consultada el 26 de marzo de 2014, http://

Las pruebas de laboratorio se realizaron para analizar la relación entre la cantidad de omega3 y la capacidad lectora. Los resultados demostraron que a mayor cantidad de omega3, mejor pueden leer los niños, y mejor es la capacidad de memoria.

De los 225 escolares con los peores resultados de lectura, se observa claramente el efecto omega3 después de su aplicación, mejora no sólo la lectura, sino también el comportamiento. En otras palabras, la mejora de la lectura se da con la mejora de la alimentación.

---

www.nacion.com/vivir/vida-sana/consumo-beneficiar-salud-cardiovascular-sueno_0_1402059892.html

20. Aportes para la mejora del sistema educativo de enseñanza

Estas propuestas están basadas en lo explicado anteriormente, y las presento con la finalidad de potenciar nuestras capacidades académicas y contribuir con el desarrollo del capital humano, eliminando los bloqueos que se puedan presentar en nuestros sentidos más vulnerables. Con ello también mejoraremos enormemente nuestras relaciones tanto en el ámbito social como en el laboral.

1. Como ya sabemos, el cansancio es un factor determinante que genera estrés, y por lo tanto bloquea de manera natural nuestro sentido más débil, es mejor dar las indicaciones más importantes al inicio de la clase y no al final, como normalmente se hace en los centros de formación de distinto nivel.
2. Equilibrar el uso de las herramientas de enseñanza, las cuales deben considerar las necesidades y las características de los tipos o estilos de aprendizaje tanto visual y auditivo como quinestésico.
3. Realizar los ejercicios de activación de los tres sentidos por lo menos una vez al día, o cuando lo necesitemos, eso no tardará más de tres minutos. Pero se requiere que se realice el ejercicio de forma permanente.
4. Comenzar siempre con la enseñanza de datos generales para después entrar a los detalles de un tema o curso determinado. Esto también ayuda mucho a despertar el interés de los estudiantes.

5. Es importante tener en cuenta que el cerebro rechaza la información de manera natural cuando observa mucha información en poco espacio, por eso es muy recomendable realizar apuntes, y si es posible, utilizando colores, ya que el cerebro captará y almacenará rápidamente esa información porque trabaja su hemisferio derecho, o sea, el hemisferio veloz y de memoria de largo plazo. Se recomienda utilizar mucho los mapas mentales.
6. Es básico realizar el repaso inmediato de la información, de los apuntes realizados durante el día, ya que se activa el hemisferio derecho del cerebro, vale decir, el lado veloz y de memoria de largo plazo. Pero se debe seleccionar la información más relevante.
7. Al estudiar debemos involucrar mucho las emociones buenas, ya que eso genera un efecto positivo, y se potencia la capacidad de aprendizaje. Es mejor contar la información que queremos aprender a otras personas de manera natural, como por ejemplo a nuestros amigos, a nuestros hermanos, o a nuestros padres, ya que eso nos permite reconocer qué información nos puede estar faltando, y se potencia de esa manera la parte activa de nuestro cerebro. No debemos olvidar que nosotros podemos captar información y poseerla de manera pasiva o de manera activa.
8. Explicar los conceptos con nuestras propias palabras, con la finalidad de facilitar el proceso de aprendizaje, ya que al tratar de usar la definición exacta de un libro o de otra fuente bibliográfica, dejamos de lado el aspecto creativo del cerebro, el cual está también en el hemisferio derecho, que es muy veloz, y posee la memoria a largo plazo.
9. Utilizar figuras y colores en los resúmenes, ya que el cerebro trabaja mucho mejor cuando la información no es muy pesada, cuando la información es agradable.

Además, el cerebro identifica primero los colores y las formas, y pasa después a la lectura de la información. Tratar de usar letras grandes y no pequeñas, dejando espacios considerables, subrayando, etcétera.
10. Leer la información más importante caminando al mismo tiempo hacia delante, pero sobre todo hacia atrás, con la finalidad de poder anclar la información, eso es muy efectivo. También se puede leer realizando el movimiento de los labios o murmurando, ya que nos ayuda mucho a retener la información, es parte de la automatización.
11. Realizar el repaso o la lectura de la información más importante con distintos tipos de voz, con la finalidad de entretener al cerebro y de que este capte la información de manera más efectiva. Es un método muy utilizado en los estudios de idiomas.
12. La lectura de la información que queremos almacenar debe realizarse en lo posible antes de dormir, no se debe realizar otra actividad después de la lectura para no interrumpir el proceso de almacenamiento de dicha información.
13. Escuchar música clásica durante el llamado "primer concierto de aprendizaje", o sea al momento de presentar información general de un determinado tema, para ello lo más recomendable es la música de Mozart, Beethoven o Haydn, con la finalidad de despertar y de incrementar la atención, estimulando al mismo tiempo la armonía y el orden.
14. Escuchar música barroca durante el llamado "segundo concierto de aprendizaje", o sea, al momento de querer automatizar la información, vale decir aprenderla mediante la repetición y la memorización. Para ello lo más recomendable es la música de Bach, Vivaldi, Händel, Telemann o Corelli. A mayor información

detallada, mayor ritmo, más estructurada debe ser la música que escuchamos porque eso ayuda mucho, como cuando se corrige algo. Pero cuando se piensa de manera libre y fluida, no detallada, se requiere música con mucha melodía, como cuando se escribe algo.
15. Un docente no debe marcar el error específico cometido por un estudiante al escribir, lo que debe hacer es marcar la palabra o el área que contiene el error para que el mismo estudiante de manera activa detecte la equivocación por medio de la propia investigación. Esto es muy importante debido a que los estudiantes aprenden mucho más de lo que investigan activamente en comparación de lo que reciben pasivamente.

Además debemos tomar en cuenta lo que han desarrollado potencias académicas en el mundo, ello con la finalidad de analizar los factores que influyen directamente en el sistema educativo en un país determinado, pero tampoco se trata de copiar un sistema y reemplazar a otro en otro país cuando las realidades existentes son diferentes.

Es importante analizar lo que hicieron países como Japón, China y Finlandia, entre otros, aplicando los "benchmarks académicos", o sea los "comparadores académicos", con la finalidad de analizar las cosas que se hacen bien en un sistema educativo determinado para poder mejorarlas con el tiempo. Y en este sentido, si bien es cierto que respeto las opiniones de muchas personas sobre todo del mundo europeo, no necesariamente las comparto, ya que no se trata de una simple imitación, sino de un aprendizaje previo para poder mejorar esos resultados con el tiempo. No por gusto se dice o se espera que "el discípulo supere al maestro". Y además, la capacidad de imitación se encuentra en uno de los niveles más elevados del conocimiento, y a eso sigue la capacidad de creación.

Por ello, uno de los ejemplos que podemos tomar en cuenta debido a sus excelentes resultados educativos es el de Finlandia. Deseo presentar un extracto de un artículo de un diario nacional, que lleva el subtítulo "Lecciones para América Latina":

> Que, a pesar de no ser uno de los países que más invierte en educación, con menos del 7% del PBI, ni ser uno de los que imponen la mayor carga horaria a los niños en las escuelas, con cerca de 608 horas lectivas en primaria en comparación con las 875 horas en España, por ejemplo, cuando se dieron a conocer los resultados de la primera evaluación PISA (siglas en inglés del Programa Internacional para la Evaluación de Estudiantes de la OECD) en el año 2000, el gobierno se vio inundado de visitas de delegaciones extranjeras que acudían a Finlandia para descubrir los secretos de la maravilla nórdica e implementarlos en sus propios países.
>
> "Yo no soñaba con ser profesora, pero ahora me dedico a esta profesión y me gusta mucho —explica Hilkka-Roosa Nurmi, una profesora de Español e Inglés que tiene experiencia como docente de estas lenguas en su país y en España—. Aquí no es como en otros sitios, no tenemos tantas normas. *Podemos elegir cómo enseñamos. Tenemos más libertad*. Pero esto significa también más responsabilidad", dice.
>
> Después de esta corta descripción, uno podría tender a imaginarse una clase en Finlandia como una situación idílica: un grupo de niños obedientes escuchando embelesados una clase magistral que interrumpen de tanto en tanto con una pregunta inteligente. Nada más lejos de la realidad. Los niños hacen las mismas travesuras que en cualquier parte del mundo.[105]

"Para aprender de nuestros propios errores, debemos tener contacto con personas que conozcan más del tema que nosotros. Esta idea la han aplicado también en Finlandia, donde los estudiantes del colegio de menor edad o grado de estudios

---

[105] "El secreto de uno de los mejores sistemas educativos del mundo", *El Comercio,* consultada el 26 de marzo de 2014, http://elcomercio.pe/mundo/actualidad/secreto-uno-mejores-sistemas-educativos-mundo-noticia-1589971

les preguntan a los de mayor edad o grado de estudios para resolver una duda".[106]

Esto nos demuestra y reafirma que no se trata de implantar un modelo único en el proceso de enseñanza y aprendizaje, lo que se requiere, y resalto lo explicado ya anteriormente, es proporcionar técnicas adecuadas para que, de acuerdo con el concepto del modelo sugestopédico, puedan ser usadas por los docentes en un ambiente más natural de aprendizaje, tomando en consideración tanto las características y las necesidades personales de los docentes, como también las de los estudiantes, ya que cada uno de nosotros tiene un tipo determinado, en el que los sentidos tienen una jerarquía dentro de nuestra estructura personal, por ser seres únicos.

En nuestro sistema educativo, debemos fomentar mucho el pensamiento asociativo y sobre todo el pensamiento biasociativo con la finalidad de poder potenciar la capacidad creativa. "Raimundus Lullus fue el inventor del mapa mental por el año 1200, él presentó dos listas jerarquizadas y se preguntó qué pasaba si las unía. Hasta esa época había combinaciones de letras, pero no de palabras, como él las realizó"[107]. En otros términos, trabajó y aportó mucho en el área del pensamiento asociativo.

En relación con el pensamiento biasociativo, es importante presentar a Arthur Koestler, quien explicó: "En el corazón de la creatividad se encuentra el principio de la biasociación, que define que el resultado del choque entre dos mundos que se combinan y entrecruzan da nacimiento a un tercer mundo nunca imaginado antes"[108]. Visto desde el ámbito académico y de la creatividad, esto quiere decir que comparando o analizando las palabras o los conceptos de dos temas diferentes

---

106 Vera F. Birkenbihl, "Von nix kommt nix".
107 Vera F. Birkenbihl, "Denk Strategien".
108 Thierry de Saint Pierre, "Curso de gestión de la innovación, capítulo 2.1.", 2009.

(choque de dos mundos), podemos hacer nacer un nuevo concepto o tema (nacimiento del tercer mundo), lo que nos convierte finalmente en personas creativas.

Por otra parte, y como lo describió claramente la Dra. Vera F. Birkenbihl: "Para asegurar el éxito en el proceso de aprendizaje, se debe tomar en consideración y se debe incentivar el proceso de pensamiento asociativo, el proceso de formulación de preguntas, el proceso de comparación, así como el carácter lúdico de este"[109].

En este punto quiero mencionar que lo absoluto es el enemigo del pensamiento asociativo, ya que no podemos esperar que los estudiantes tengan iniciativa de investigación cuando lo primero que escuchan por parte de los docentes es: "Es así, siempre, todo, nada, nunca, el profesor es el amo y señor de la información, lo que dice el profesor es lo que uno debe aprender", entre otros. Ese tipo de actitudes impide y bloquea la iniciativa de análisis, la investigación y naturalmente la capacidad del pensamiento asociativo. Por ello, es necesario mencionar lo que explica ampliamente el austriaco Karl Popper en su publicación "La lógica de la investigación científica". Él presenta la Teoría de la Falsación o Falseabilidad, en la que indica que todo científico debe tratar de falsear sus propias teorías con la finalidad de poder avanzar en el conocimiento. Para Popper toda teoría tiene su lado irreal o falseable, que se puede llegar a descubrir con la investigación permanente que nos llevará a avanzar en el desarrollo de nuevo conocimiento, de lo contrario, permaneceremos estacionados en el punto hasta donde lleguemos.

Por ello, "los japoneses han sido los maestros de la creatividad, pasaron del aprendizaje de los otros en los años cincuenta, sesenta y setenta, a producir ellos mismos. Nadie se

---

109   Vera F. Birkenbihl, "Genial lernen, Genial lehren".

dio cuenta de eso, llegaron a ser los primeros a nivel mundial en muchas áreas al mismo tiempo"[110].

Otro aspecto de interés es la evaluación de la conveniencia o no de los incentivos dados en el ámbito laboral y académico, ya que si bien es cierto que inicialmente se consigue un mejor resultado por parte del estudiante que obtiene resultados sobresalientes, cesarán esos resultados en el tiempo si el estudiante se acostumbra a recibir elogios por cada cosa buena que haga, lo volverá dependiente de ese reconocimiento, lo cual generará frustración y frenará el avance en el conocimiento. Además, en un sistema educativo en el que estamos acostumbrados a elogiar y a premiar los mejores resultados académicos, estamos abarcando una muy pequeña parte de la población estudiantil, ya que los mejores son los primeros, al menos es lo que normalmente sucede. Con este mecanismo se deja de lado a los demás estudiantes, los que pierden totalmente las esperanzas, y no se genera en ellos el espíritu de avance y de competencia, ya que a ellos casi nunca les llegan los buenos comentarios, por el contrario, se ven afectados por la publicidad de sus malos resultados o de sus resultados poco satisfactorios.

Asimismo, si de todas formas queremos usar el mecanismo de premiación y de reconocimiento de los mejores resultados, debería realizarse a partir de cierta edad, como se mencionó en los primeros subcapítulos, lo recomendable es a partir de los 13 años de edad para no matar progresivamente la capacidad de creación y la genialidad de los niños por medio de las calificaciones bajas o de las llamadas de atención por algo que de acuerdo con el docente o el padre de familia no está bien, eso frena directa e inconscientemente el desarrollo natural del potencial y talento de cada persona. Y de darse, no debería hacerse únicamente con los mejores estudiantes en el ámbito académico, también debería hacerse con los mejores alumnos

---

[110] Vera F. Birkenbihl, "Warum ein Bild spricht mehr als 1000 Wörter".

en diversas áreas como las artes, los deportes, etc., y deberían recibir el mismo reconocimiento y en el mismo escenario y momento. Con ello se alienta el desarrollo de los sentidos más importantes indicados a lo largo de la presente publicación, vale decir: el visual, el auditivo y el quinestésico.

Entonces la pregunta que nos podemos hacer es la siguiente: "¿Es mejor continuar con ese tipo de acciones en nuestro sistema educativo? ¿O debemos tomar en cuenta lo investigado y presentado por diversos investigadores y autores, como es el caso del norteamericano Alfie Kohn? Sobre la base de muchas investigaciones, este demuestra que

> la gente realmente hace el trabajo inferior cuando son tentados con el dinero, las notas, u otros incentivos. Los programas que utilizan recompensas para cambiar el comportamiento de las personas son igualmente ineficaces en el largo plazo. Prometiendo golosinas a los niños por su buen comportamiento, no se puede producir nada más que la obediencia temporal. De hecho, cuanto más usamos incentivos artificiales para motivar a la gente, más se pierde el interés en lo que les estamos sobornando a hacer. Recompensas convierten el juego en trabajo, y el trabajo en servidumbre.[111]

Por otro lado, y como lo dijo Ken Robinson en la Conferencia TED 2010:

> creo que tenemos que cambiar las metáforas, tenemos que pasar de un modelo de educación esencialmente industrial de manufactura, que se basa en la linealidad, en la conformidad y en la agrupación de personas, a un modelo que se basa más en principios de la agricultura. Tenemos que reconocer que el florecimiento humano no es un proceso mecánico, es un proceso orgánico. Y no se puede predecir el resultado del desarrollo humano, todo lo que se puede hacer como un agricultor es crear las condiciones en que ellos comenzarán a florecer.[112]

---

111 "Punished by Rewards", *Alfie Kohn*, consultada el 26 de marzo de 2014, http://www.alfiekohn.org/books/pbr.htm

112 Robinson, "Cambio radical en la educación".

Finalmente, espero realmente que la publicación que usted ya tiene a disposición sea utilizada de forma permanente y activa, y que mejore sus resultados no sólo en el ámbito académico, sino, como se demostró anteriormente, en otras áreas como la laboral y la social.

La aplicación y el uso de esta metodología servirán mucho para poder lograr los cambios necesarios en el actual sistema educativo no solo del Perú, sino también del mundo, ya que esta metodología no exige para su implementación recursos materiales inalcanzables, es una cuestión más del aspecto sustantivo que del aspecto material, el conocimiento en sí de lo que se debe poner en práctica en una clase sugestopédica. Por eso, quiero terminar diciendo que todo depende de nosotros, de nuestras decisiones y de nuestras acciones, ya que en realidad no es cuestión del "poder hacer" sino del "querer hacer".

21. Bibliografía

Alelijota. "Quién es Ronald Davis?". Consultada el 26 de marzo de 2014. http://www.alelijota.com.ar/quienesronalddavis.htm

Alfie Kohn. "Punished by Rewards". Consultada el 26 de marzo de 2014. http://www.alfiekohn.org/books/pbr.htm

Alphabet. Consultada el 26 de marzo de 2014. http://www.alphabet-derfilm.at/

"Anatomía y estructura de los cinco sentidos del cuerpo humano". En *Scientific Psychic*. *Consultada* el 26 de marzo de 2014. http://www.scientificpsychic.com/workbook/sentidos-humanos.html

"Apuntes sobre la Pedagogía Waldorf". En *El Trigal*. Consultada el 26 de marzo de 2014. http://eltrigal.org/planetario.htm

Cajón del Colegio. "Personajes famosos con dislexia". Consultada el 26 de marzo de 2014. http://cajondelcolegio.blogspot.de/2008/01/continuacin-la-dislexia.html

Colegio Rudolf Steiner. "Pedagogía Waldorf". Consultada el 26 de marzo de 2014. http://www.colegiorudolfsteiner.cl/por-que-elegirnos/pedagogia-waldorf/

"Comprensión lectora". En *Psicopedagogía*. *Consultada* el 26 de marzo de 2014. http://www.psicopedagogia.com/articulos/?articulo=394

Curso de Inglés Natural de NLC - Natural Learning Corporation. CD, Perú, 2003.

Deutschland. "Formación demandada". Consultada el 26 de marzo de 2014. https://www.deutschland.de/es/topic/saber/educacion-aprendizaje/formacion-demandada

DISLECAN. "¿Qué es la dyslexia?" Consultada el 26 de marzo de 2014. http://www.dislecan.es/whatdislexia.html Es el nombre de la página web

"Docentes de Abejita se capacitaron sobre dislexia y dificultades de aprendizaje". En *El diariotuc*. Consultada el 26 de marzo de 2014. http://eldiariotuc.com.ar/categoria-argentina/item/9708-docentes-del-%E2%80%9Cabejita%E2%80%9D-se-capacitaron-sobre-dislexia-y-dificltades-del-aprendizaje.html

Documental sobre la neurociencia, Neurociencia RWW Praxis, Alemania 2014.

Dostal, Claudia. *Qualitätsverbesserung des Schulunterrichts durch "Lerntypenorientierte Suggestopädie"*. Stuttgart: Ibidem, 2011.

"Ejercicios clave para que sus hijos aprendan a pensar". En *El Mundo*. Consultada el 26 de marzo de 2014. http://www.elmundo.es/elmundo/2013/09/30/ciencia/1380568807.html

"El alto consumo de omega 3 puede beneficiar la salud cardiovascular y el sueño". En *La Nación*. *Consultada* el 26 de marzo de 2014. http://www.nacion.com/vivir/vida-sana/consumo-beneficiar-salud-cardiovascular-sueno_0_1402059892.html

Elisabeth Kübler-Ross FOUNDATION. "EKR Biography". Consultada el 26 de marzo de 2014. http://www.ekrfoundation.org/bio/elisabeth-kubler-ross-biography/

"El poder del aprendizaje consciente". En Google. Consultada el 26 de marzo de 2014. http://books.google.de/books/about/El_Poder_Del_Aprendizaje_Consciente.html?id=U-f-OwAACAAJ&redir_esc=y

El Regalo Musical. "Las vacas producen más leche escuchando música clásica." Consultada el 26 de marzo de 2014. http://blog.elregalomusical.com/2014/01/las-vacas-producen-mas-leche-escuchando.html

"El secreto de uno de los mejores sistemas educativos del mundo". En *El Comercio*. Consultada el 26 de marzo de 2014. http://elcomercio.pe/mundo/actualidad/secreto-uno-mejores-sistemas-educativos-mundo-noticia-1589971

"Escuchar música sería bueno para los corazones enfermos". En *La Prensa*. *Consultada* el 26 de marzo de 20144. http://laprensa.pe/tecnologia-ciencia/noticia-escuchar-musica-bueno-corazones-enfermos-12274?utm_source=laprensa&utm_medium=mailing&utm_campaign=newsletter

Fred Gratzon. "The Most Unemployable Man on the Earth." Consultada el 26 de marzo de 2014. http://gratzon.com/fred/biography.htm

Führungsakademie der Bundeswehr, *Lernunterlagen LGAI 2013: Militärische Führung und Organisation*. Hamburg: 2013.

Fundación Montesori. "La mano es el instrumento de la mente". Consultada el 26 de marzo de 2014. http://www.fundacionmontessori.org/educacion-montessori.htm?gclid=CO7V7NmApL0CFdShtAodbXsAQg

Gardner, Howard. *Inteligencias múltiples*. Barcelona: Paidós.

Ken Robinson. "Cambio radical en la educación" (conferencia presentada por TED - Technology Entertainment Design, California, 2010).

La Dislexia."¿Por qué la dislexia en España es ignorada por el sistema educativo?". Consultada el 26 de marzo de 2014. http://www.ladislexia.net/?s=porcentaje&cat=0

"La música y el desarrollo cerebral infantil". En *Psicología Online*. Consultada el 26 de marzo de 2014. http://www.psicologia-online.com/infantil/musica.shtml

"Las tópicas freudianas y el aparato psíquico". En *El Psicoasesor*. Consultada el 26 de marzo de 2014. http://www.elpsicoasesor.com/las-topicas-freudianas-y-el-aparato-psiquico/

"Los 10 secretos de la alegría". En *Revista del Método Silva*.

Medellín. "Pedagogía Montessori: la filosofía de la libertad." Consultada el 26 de marzo de 2014. http://www.medellin.edu.co/sites/Educativo/Directivos/Noticias/Paginas/ED29_PPM_ModeloMontessori.aspx

"¿Mi mundo está al séver... revés?" En *Psicopedagogía*. Consultada el 26 de marzo de 2014. http://www.psicopedagogia.com/dislexia-hoy

"Montessori vs Waldorf. Dos métodos frente a frente". En *Tribu*. Consultada el 26 de marzo de 2014. http://entribu.wordpress.com/2010/05/24/montessori-vs-waldorf-dos-metodos-frente-a-frente/

"Moquegua y Tacna lideran aprendizaje según evaluación censal de Educación". En *Diario La República. Consultada* el 26 de marzo de 2014. http://www.adonde.com/noticias-peru/web-noticia-la-republica-423026

Neurología. "La neurociencia." Consultada el 26 de marzo de 2014. http://neurologiayove.blogspot.de/

Neuropedagogía Colombiana. "La Neuropedagogía…una nueva ciencia en construcción." Consultada el 26 de marzo de 2014. http://www.neuropedagogiacolombia.com/

Next Step Associates. "Dr.Graham Rawlinson C.Psychol FRSA." Consultada el 26 de marzo de 2014. http://www.nextstepassociates.co.uk/about-us/people/graham-rawlinson/

OECD. "Asian countries top OECD's latest PISA survey on state of global education." Consultada el 26 de marzo de 2014. http://www.oecd.org/newsroom/asian-countries-top-oecd-s-latest-pisa-survey-on-state-of-global-education.htm

Oxford. "News Stories." Consultada el 26 de marzo de 2014. http://www.ox.ac.uk/media/news_stories/2012120709_1.html&prev=/search%3Fq%3Domega3%2Buniversidad%2Bde%2Boxford%26biw%3D1366%26bih%3D643

Perú21. "Un 7.5% de la población infantil padece de dislexia." Consultada el 26 de marzo de 2014. http://peru21.pe/noticia/393944/5-poblacion-infantil-padece-dislexia

Psicoactiva. "Binet Alfred." Consultada el 26 de marzo de 2014. http://www.psicoactiva.com/bio/bio_3.htm

Scheele, Paul. *PhotoReding. Paderborn: Junfermann, 2008.*

"Sistema Límbico". En *Psicoactiva.* Consultada el 26 de marzo de 2014. http://www.psicoactiva.com/atlas/limbic.htm

Sociedad el País. "En el cerebro de un disléxico". Consultada el 26 de marzo de 2014. http://sociedad.elpais.com/sociedad/2013/12/05/vidayartes/1386267524_315616.html

Suzuki Association. "Acerca del Método Suzuki." Consultada el 26 de marzo de 2014. https://suzukiassociation.org/teachers/twinkler/twinkleres/

Thierry de Saint Pierre. "Curso de Gestión de la Innovación, Capítulo 2.1". 2009.

UNESCO. "Johan Heinrich Pestalozzi". Consultada el 26 de marzo de 2014. http://www.ibe.unesco.org/publications/ ThinkersPdf/pestalozzis.PDF

UPSOCL. "Esto es lo que pasa cuando un niño de 13 años abandona la escuela". consultada el 26 de marzo de 2014. http://www.upsocl.com/comunidad/esto-es-lo-que-pasa-cuando-un-nino-de-13-anos-abandona-la-escuela/

Vera F. Birkenbihl. "Denk Strategien" (seminario presentado en Alemania, 2006).

Vera F. Birkenbihl. "Erfolgs Psychologie" (seminario presentado en Alemania, 2007).

Vera F. Birkenbihl. "Gehirngerechtes Rechentraining" (seminario presentado en Alemania, 2006).

Vera F. Birkenbihl. "Genial lernen, Genial lehren" (seminario presentado en Alemania, 2004).

Vera F. Birkenbihl. "Von nix kommt nix" (seminario presentado en Alemania, 2006).

Vera F. Birkenbihl. "Warum ein Bild spricht mehr als 1000 Wörter" (seminario presentado en Alemania, 2006).

22. Páginas web de interés

Biografías y Vidas. "Sigmund Freud". Consultada el 26 de marzo de 2014. http://www.biografiasyvidas.com/monografia/freud/

Birkenbihl. "Dr. Vera F. Birkenbihl". Consultada el 26 de marzo de 2014. http://www.birkenbihl.com/

Brain Gym. "Founders-Paul and Gail Dennison". Consultada el 26 de marzo de 2014. http://www.braingym.org/history

Brainbox. "Dr. Claudia Dostal". Consultada el 26 de marzo de 2014. http://www.brainbox.at/

Centro para la Excelencia Personal. "Mg. Herbert Caller Gutiérrez". Consultada el 26 de marzo de 2014. http://www.centroexcelenciapersonal.org.pe/convenios.html

Davis Dyslexia Correction Center. "Ronald Davis". Consultada el 26 de marzo de 2014. http://translate.google.com.pe/translate?hl=es-419&sl=en&u=http://www.davisdyslexia.com/history.html&prev=/search?q%3Dwhere%2Bhat%2Bgraduate%2Bronald%2Bdavis%2Bdyslexia%26sa%3DX%26biw%3D1366%26bih%3D643

Editorial Libros en Red. "Libro de alemán publicado por el autor de la presente publicación." Consultada el 26 de marzo de 2014. http://www.librosenred.com/libros/alemansencilloparahispanohablantesmetodorapidoyeficazdeaprendizaje.html

El Blog que te hará pensar. "Logan Laplante en TED". Consultada el 26 de marzo de 2014. http://elblogqueteharapensar.blogspot.de/2014/01/logan-laplante-en-ted-y-la-leccion-de.html

Institut für Erziehungs-und Bildungswissenschaft. "Dr. Daniela Michaelis". Consultada el 26 de marzo de 2014. http://www.uni-graz.at/daniela.michaelis/site.php?show=1

OECD. "Programme for International Student Assessment (PISA)". Consultada el 26 de marzo de 2014. http://www.oecd.org/pisa/pisaenespaol.htm

Perceptual Talent. "Ronald D. Davis". Consultada el 26 de marzo de 2014. http://www.perceptualtalent.com/founders-of-davis/

"Ph.D. Roger Walsh". Consultada el 26 de marzo de 2014. http://www.drrogerwalsh.com/

Professional Thinking Partners. "Dr. Dawna Markova". Consultada el 26 de marzo de 2014. http://ptpinc.org/about-professional-thinking-partners/key-staff/85-dr-dawna-markova

Sugestopedia: Pedagogía Desugestiva. "Dr. Georgie Lozanov". Consultada el 26 de marzo de 2014. http://www.npp-sugestopedia.com/lozanov.htm

Terra. "Potenciar la capacidad de aprender y pensar". Consultada el 26 de marzo de 2014. http://www.terras.edu.ar/jornadas/119/biblio/79Los-Mapas-Semanticos.pdf

ÍNDICE

Agradecimientos	5
Introducción	7
Comentarios de la dra. Claudia Dostal de brainbox Austria	13
1. La sugestopedia	17
2. Tipos o estilos de aprendizaje	23
3. ¿Tipos o estilos mixtos de aprendizaje?	29
4. Identificación del tipo o estilo de aprendizaje	37
5. Activación y desbloqueo de los sentidos	39
6. Importancia de los tipos de aprendizaje en los resultados académicos	43
7. Importancia del entendimiento de los tipos de aprendizaje en las relaciones sociales y laborales	47

8. Importancia de los hemisferios del cerebro
   en la sugestopedia   49

9. Importancia del uso de las ondas del cerebro
   en la sugestopedia   55

10. Importancia de la sugestión en la sugestopedia   59

11. Importancia de la desugestión en la sugestopedia   65

12. Importancia del uso de la música en la sugestopedia   67

13. Sistema educativo de enseñanza actual   73

14. Resultados del uso del método sugestopédico   81

15. Comparación del método sugestopédico
    con otros modelos o métodos   97

    A. Modelo de las estaciones del proceso de aprendizaje   97

    B. Modelo básico de aprendizaje   98

    C. Modelo de maslow   100

    D. Modelo del desarrollo del conocimiento   101

    E. Modelo de los principios de enseñanza y aprendizaje   102

    F. Método Pestalozzi   106

    G. Método Montessori   107

    H. Método Waldorf   109

    I. Método Suzuki   110

    J. Método Natural English   112

16. La neurociencia y su relación
    con la neurodidacta y la sugestopedia   117

17. La foto-lectura *(photoreading)*: una técnica
    revolucionaria   121

18. La dislexia y la potencia de su lado creativo   125

19. Importancia del consumo de aceite omega3
    en el proceso de aprendizaje   133

20. Aportes para la mejora del sistema educativo
    de enseñanza   135

21. Bibliografía   145

22. Páginas web de interés   151

Editorial LibrosEnRed

LibrosEnRed es la Editorial Digital más completa en idioma español. Desde junio de 2000 trabajamos en la edición y venta de libros digitales e impresos bajo demanda.

Nuestra misión es facilitar a todos los autores la edición de sus obras y ofrecer a los lectores acceso rápido y económico a libros de todo tipo.

Editamos novelas, cuentos, poesías, tesis, investigaciones, manuales, monografías y toda variedad de contenidos. Brindamos la posibilidad de comercializar las obras desde Internet para millones de potenciales lectores. De este modo, intentamos fortalecer la difusión de los autores que escriben en español.

Ingrese a www.librosenred.com y conozca nuestro catálogo, compuesto por cientos de títulos clásicos y de autores contemporáneos.

www.ingramcontent.com/pod-product-compliance
Lightning Source LLC
Chambersburg PA
CBHW021144230426
43667CB00005B/252